철학자의 말

철학자의 말

초판 1쇄 발행 2023년 8월 10일

펴 낸 곳 | 해누리
펴 낸 이 | 김진용
편 역 | 이동진 · 서희
책임편집 | 조종순
북디자인 | 종달새
마 케 팅 | 김진용

등 록 | 1998년 9월 9일 (제16-1732호)
등록변경 | 2013년 12월 9일 (제2002-000398호)
주 소 | 서울시 영등포구 당산로 20길 13-1
전 화 | (02) 335-0414 팩스 | (02) 335-0416
전자우편 | haenuri0414@naver.com

ISBN 978-89-6226-131-8(03100)

A philosopher's wise saying

너와 나의 위로

철학자의 말

이동진 · 서희 편역

해누리

Contents

Life

#삶

인생은 짧은 꿈이다

당신은 할 일을 했는가? 이 질문은 아주 중요하다. 왜냐하면 당신이 이 세상에 살고 있는 유일한 목적은 이 짧은 생애를 허락한 신이 당신에게 맡긴 일을 잘 수행하고 있는지의 여부에 달려있기 때문이다.

탈무드

훌륭한 인격을 갖추려고 노력하는 것보다 자기 인생을 잘 사는 방법은 없다. 또 그런 마음으로 그 꿈을 이루고 있다고 느끼는 것 이상의 만족 또한 없다. 그것이 지금까지 내가 경험한 행복이다. 그리고 그 행복이 내 양심을 증명해준다.

소크라테스

오로지 건강만이 우리의 시간, 땀, 수고, 재산뿐만 아니라 생명마저도 바칠 가치가 있는 것이다. 건강이 없다면 삶은 고통스럽고 지겨운 것이다.

몽테뉴

사람은 삶의 즐거움을 알아야 하고, 헛되게 사는 것을 걱정해야 한다.

채근담

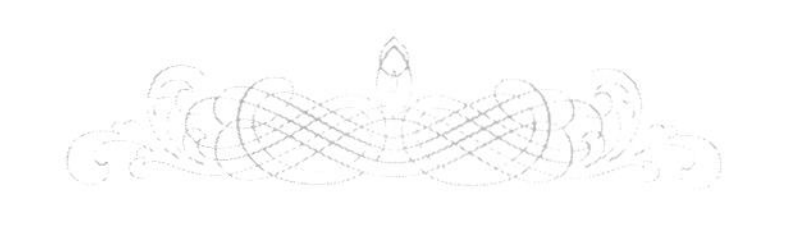

우리의 지식은 '세계가 왜 존재하며, 나는 왜 이 세상에 태어났는가'에 대한 근원적인 의문을 푸는 데 쓴다면, 현기증을 느끼게 될 것이다. 아무리 뛰어난 지식과 능력을 가지고 있는 사람이라 할지라도 그 문제의 해답을 찾을 수 없다.
우리는 오로지 그런 문제를 제기할 수 있을 뿐이며, 삶을 올바르게 사는 방법에 대한 답만 찾을 수 있다.
'어떻게 살아야 할 것인가?'라는 문제의 답은 명료하다. 자신에게도 좋으면서, 남에게도 좋은 일을 하면서 사는 것이다. 그것은 자신은 물론 모든 생명체에게 꼭 필요하며 실현 가능한 일이다. 그리고 앞에서 말한 '왜 이 세상에 태어났는가?'라는 어려운 의문을 없애버린다.

톨스토이

식물의 신비는 우리 인간의 생명과 같다. 생물학은 그 신비를 기계학적인 법칙으로 설명하려고 노력하지만 자신이 만든 기계를 설명할 수 없듯이 그 신비를 설명할 수 없다. 우리들은 손으로 동물이나 식물이 가진 생명의 성스러움을 느낄 수는 없다. 그저 표면적으로 이해할 수 있을 뿐이다.

헨리 데이비드 소로

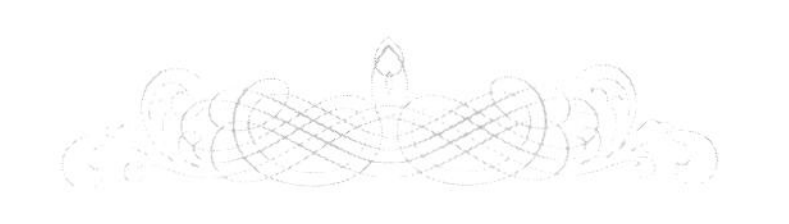

왜 사는지 모르고 살 수는 없다. 우리가 명백히 짚고 넘어가야 할 가장 중요한 일은 자기 삶의 의미를 깨닫는 일이다. 그러므로 선각자들이 깨닫고 살았던 생의 의미는 무엇이었는지 먼저 알아야 한다.

때때로 학문이 높은 경지에 이른 사람들은 생의 의미에 대한 결론을 자랑삼아 떠들어 대고 있는 것을 본다. 그들은 대체로 우리의 인생은 아무런 의미가 없다고 말하곤 한다.

그러나 인생은 우리들의 인식을 통해 열리는 것이지 지식으로 결론이 나는 것이 아니다. 그리고 그것을 인식할 수 있는 길은 도처에 있다. 우리는 인생이 우리를 숨기고 있는 것이라고 흔히 착각한다.

사람이 사는 진정한 목적은 영원히 사는 방법을 깨닫기 위한 데 있다. 사람은 왜 사는지 몰라도 산다는 것이 얼마나 중요한지는 알 수 있다.

아주 큰 공장에서 일하는 노동자는 자기가 왜 지금 이 일을 하는지 잘 모르지만, 훌륭한 노동자는 자기가 하는 일이 얼마나 중요한 일인가는 잘 안다.

모든 존재는 자신의 위치를 인식할 수 있는 기능이 있다. 인간에게 있어서 그 기능은 이성과 지혜이다.

만약 당신의 의지가 위치와 사명을 알려주지 않으면 그것은 이 세상의 나쁜 구조 탓이 아니라 당신의 의지 자체,

즉 그 의지가 당신에게 알려준 잘못된 방법이 죄라는 것을 알아야 한다.

톨스토이

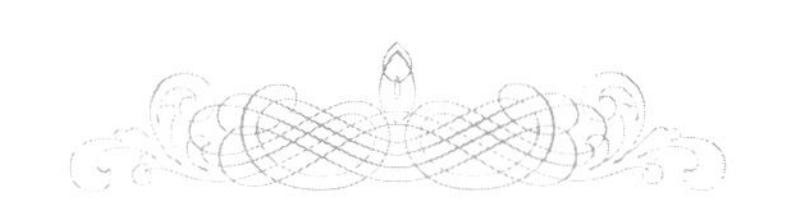

부단히 반복하고 노력하면 습관이 된다. 예를 들어 다리를 튼튼하게 하려면 많이 걸으면 된다는 뜻이다. 정신도 마찬가지다.

당신이 화를 내고 악한 짓을 하고, 자신의 분노에 익숙해지면 그것은 불 속에 장작을 넣는 것과 같다. 슬기로운 사람들은 그 원인이 무엇인지를 잘 안다. 그렇다면 어떻게 해야 우리들은 나쁜 습관과의 싸움에서 이길 수 있을까?

나쁜 습관과 유혹에서 벗어나려면, 당신은 덕성이 높은 친구와 어울리며 성자들의 가르침을 따르는 것보다 좋은 방법은 없다.

진정한 투사는 자신의 악한 생각들과 싸우는 사람이다. 그 싸움은 신성한 것이며 자기 자신을 신과 가까이 두는 일이다. 이 싸움에서 이기면 당신은 자유와 평화, 행복을 전리품으로 얻게 된다.

늘 두 가지 선택이 당신 앞에 기다린다. 하나는 악한 생각에 져서 죄악에 빠지고, 그것을 즐기고 있는 현재이다. 다른 하나는 그런 것들에 싫증을 느끼고 후회하며 스스로 책망하기 시작하는 때이다. 그러나 당신이 그것을 억제하면 만족이 온다는 것을 명심해라.

만일 당신 스스로 현재 악한 일에 탐닉하면서도 내일은 아니라고 생각하면, 또 하나의 오늘과 같은 내일이 반복될 것이다. 그런 일이 반복되면 나중에는 스스로 죄가 무

엇인지조차 깨닫지 못하게 된다.
또한 뒤늦게 깨달았다고 해도 자신의 악한 행위들에 대해 언제든지 변명할 준비가 되어 있을 것이다.

에픽테토스

경험을 거치지 않는 한, 아무것도 실재하는 것이 아니다. 격언마저도 개인의 삶을 통해 증명되지 않는 한, 격언이 아니다.

존 키츠

우리가 남과 하나가 아니라고 생각하는 것은 시간적, 공간적 존재이기 때문이다. 만일 우리가 그런 생각에서 벗어나서 남과의 결속을 의식하면 할수록 삶은 더욱 기쁨으로 가득 찰 것이다.
우리 몸은 여러 부분으로 되어 있다. '나는 손이니까 몸이 아니다'라고 해서 손이 신체가 안 되는 것은 아니다. 또한 머리가 발에게 '나는 너와 아무 관계가 없다'고 말할 수는 없다.
신체의 어느 한 부위가 아프면 다른 부위도 모두 아프고 한 부위가 편하면 다른 부위도 편하다.

성경

어떤 사람은 다른 사람보다 천천히 걷고 또 어떤 사람은 빨리 걷는다. 천천히 걷거나 빨리 걷거나 어느 쪽이 인생에 보탬이 되는지는 알 수가 없다.
나는 창밖을 지나가는 사람이 빨리 걷거나 느리게 걷거나 결국은 똑같다고 믿고 있다. 나는 그것을 조금도 의심치 않는다. 나는 그가 내 눈에 보이면 살아있는 것으로 알고 있지만, 혹시 내 눈앞에 보이지 않아도 그가 살아있다는 것을 알고 있다. 나는 그것을 조금도 의심하지 않는다.

톨스토이

글을 못 읽는 사람이 글을 가르칠 수 없듯이 인생의 갈피를 잡지 못한 사람이 인생 강의를 할 수 없다.

마르쿠스 아우렐리우스

모든 사람은 하나로 연결되어 있으며 한 개의 규범 속에 속해 있다. 각기 다른 개성을 가지고 있지만 같은 목적의 운명을 가지고 살아간다.
그러므로 우리는 하나의 신앙, 하나의 목적과 행위 밑에서 있는 것이다. 행위나 눈물과 고뇌는 전세계 모든 사람이 통하고, 모든 사람이 알 수 있는 언어이다.

주세페 마치니

내게 결점을 지적해주는 사람에게 감사해야 한다. 우리가 결점을 알았다고 없어지는 것은 아니지만, 그것을 알면 늘 고치려고 노력하고 양심껏 행동하게 한다.

파스칼

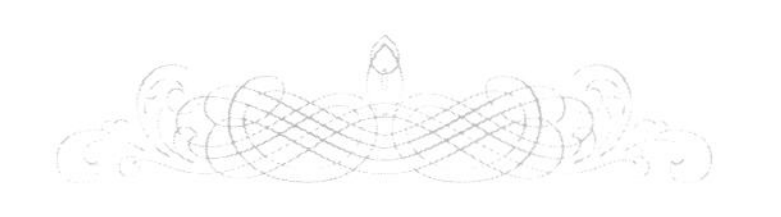

사람들은 자기가 다른 사람과는 다르며, 자기에게 매우 중요한 일을 하면서 산다고 생각한다. 그러나 대부분의 사람들은 자기가 하는 일도 잘 하고, 영혼도 잘 보살피면서 살고 있는 것은 아니다.
우리가 젊었을 때는 도덕적 이상을 경외하고 그것을 이루어 나갈 사명감이 삶의 완성을 위해 반드시 필요한 일이라고 확신하는 때가 있다.
그때는 모든 인간을 바르게 인도하고 모든 죄와 불행을 없애버리는 일이 가능할 것처럼 생각된다. 그렇다면 과연 그런 악의 없는 젊은 공상을 단지 웃어넘겨야 할 것인가. 그리고 그 공상이 실현되지 못하는 것은 누구의 죄인가. 그것은 오직 하느님만 안다.

톨스토이

인류에 대한 봉사에는 두 종류가 있다. 하나는 지금 살고 있는 인류의 행복에 기여하는 일이고, 다른 하나는 인류의 종족보존에 기여하는 일이다.
첫째는 남자가 할 일이고, 둘째는 여자가 할 일이다. 남자와 여자는 두 개의 악보와도 같다. 두 악보가 없으면 인류의 영혼인 악기는 바르고 아름다운 소리를 낼 수 없다.

톨스토이

누군가 내게 말했던 것처럼 나에게는 따스한 애정과 사악한 성질이 있다. 누구라도 고민하는 사람을 보면 동정심이 일면서 때로는 이유를 알 수 없는 희열에 잠기곤 한다. 나 또한 모든 존재를 동정하는 마음으로 바라볼 때가 있고, 반대로 무관심하게 보거나 심하게는 혐오스럽게 바라볼 때가 있다. 이것은 인간에게는 이중적인 인식능력이 있다는 것을 말해준다.

하나는 기본으로서의 이기주의와 배타주의에서 비롯된 인식으로 자기와 자기 외의 것을 구분해서 다른 존재에 대해서는 무관심과 질투, 혐오와 같이 나쁘게만 보는 것이다.

또 다른 인식능력을 나는 모든 생명이 하나라는 의식에서 비롯된 인식이라고 말하고 싶다. 그것은 모든 생명을 자신과 동일한 존재로 생각하고 동정과 사랑을 느끼도록 하기 때문이다.

첫 번째 인식은 사람들 사이에 깨뜨릴 수 없는 벽을 만들어 서로를 이간질시키지만, 두 번째 인식은 그 벽을 파괴하고 서로를 하나로 만들어버린다. 사회의 질서 유지는 두 번째 인식 때문에 이루어진다.

쇼펜하우어

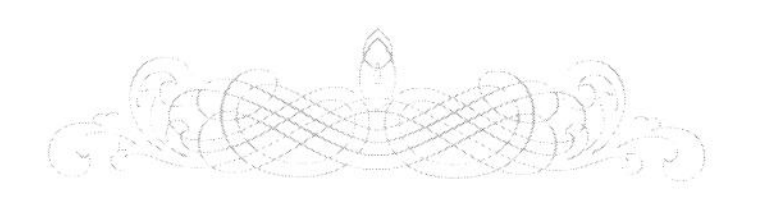

우리가 살아가면서 빨리 성공하기를 원하거나 기대하지 말아야 한다. 어떠한 일을 하든 스스로 완성된 노력의 열매를 보는 것은 힘들다. 누구나 앞으로 나아가면 갈수록 목표와 이상은 점점 더 앞으로 나아가기 때문이다. 노력은 수단이 아니라 그 자체가 목적이다. 노력하는 것 자체에 보람을 느낀다면, 누구든지 인생의 마지막 시점에서 미소 지을 수 있을 것이다.

톨스토이

우리는 진리와 선을 깨닫기 위해 이 세상에 태어났다. 그러므로 자연을 바라보면서 단 일초라도 지나간 것들에 머물지 말고, 항상 스스로를 바르게 해야 한다. 아침마다 새로운 해를 맞이하고 매 시간마다 새로운 마음가짐으로 살아가야 한다.

에머슨

인생의 의의는 자기완성과 사회의 조화를 위해 다른 어려운 사람을 돕는 데 있다. 우리는 이 세상을 사는 동안 어떠한 분야에서든 봉사를 할 수 있으며, 봉사를 통해 자기를 완성시킬 수 있다. 자신이 아닌 다른 사람을 위한 희생이야말로 자기를 완성시키는 지름길이다.

톨스토이

거만한 사람은 자기 자신을 존경하고 있는 것이 아니라 자신에 관한 소문을 존경한다. 자신의 존엄성을 느끼고 있는 사람은 오직 자기 자신만을 존경하며, 다른 사람이 만든 소문에는 관심을 갖지 않는다. 또 그들은 자신의 권력이나 재산, 명예를 결코 자랑하지 않는다.

톨스토이

다섯 살 아이와 성인의 거리는 그저 한 걸음 정도밖에 되지 않는다. 갓난아기에서 다섯 살 아이 사이에는 놀라운 거리가 있으며, 태아와 갓난아이의 사이에는 심연이 있다.
아직 존재하지 않는 것과 태아와의 사이에는 심연이 아니라 도달할 수 없는 거리가 있다.
유년 시대부터 죽음에 이르기까지의 시간에는 어떠한 차이가 있더라도 인간의 영혼은 끊임없이 성장한다. 쉴 새 없이 스스로의 마음과 정신을 의식하고 신을 향해 다가가며 완성되어 가는 것이다.

톨스토이

매일 아침 눈을 뜨면서 스스로에게 말하라.
"오늘은 어떤 착한 일을 할까?"
그리고 이렇게 생각하라.
'오늘 해가 저물 때 내 삶의 한 조각이 사라진다.'

인도의 성전

행복한 삶은 마음의 평온함에 달려 있고, 삶의 본질은 근심에서 벗어나는 것이다.

키케로

이 세상의 만물은 자라서 꽃을 핀 후 다시 뿌리로 돌아간다. 뿌리로의 회귀는 평화와 자연과의 조화를 의미한다. 자연과의 조화는 영원을 뜻한다. 그러므로 육체의 소멸은 그 자체 속에 아무런 위험이 없는 것이다.

노자

그대는 왜 변화를 두려워하는가? 이 세상은 어느 것도 변화 없이 만들어낼 수 있는 것은 없다. 변화는 대자연의 가장 중요한 본질이다.
장작이 불에 타서 그 모습을 바꾸지 않고는 물을 끓일 수 없다. 음식은 변화하지 않고는 영양분이 될 수 없다. 이 세상의 모든 생명은 변화 그 자체이다.
당신이 변하는 것을 자연 자체로 본다면 필연적인 것임을 명심해야 한다. 인간은 자연에 순응하고 자연의 가르침에 따라야 한다.

마르쿠스 아우렐리우스

사람들은 대부분 자기만족에 지나치게 집착한 나머지 그 만족을 잃으면 큰 비탄에 잠긴다. 아무리 기뻐도, 그리고 그 기쁨이 사라져도, 그것에 구애받지 않는 사람이 올바르게 사는 사람이다.

파스칼

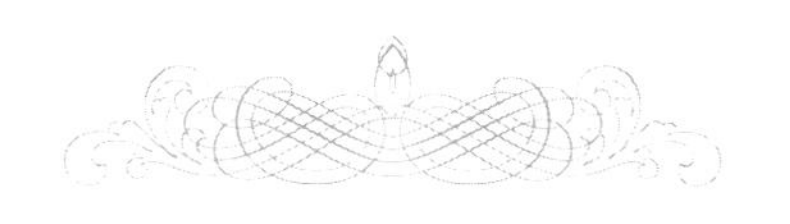

우리가 사는 세상은 눈물의 골짜기거나 시련의 함정도 아니다. 산다는 것은 그 자체가 기쁨이다. 살아있다는 것은 무한한 기쁨이다.
한 사람의 비관적인 마음은 스스로를 불행에 몰아넣을 뿐만 아니라 동시에 다른 사람들을 역시 불행하게 만든다. 착한 마음씨를 갖는 것은, 인생의 수레바퀴를 원활하게 돌아가도록 기름을 넣는 일과 같다.
성자는 늘 즐겁다. 기쁘게 살아가는 가장 좋은 방법 중의 하나는, 인생이란 우리에게 주어진 기쁨이라는 것을 확실하게 믿는 것이다.
만일 그런 기쁨이 사라지면 당신은 무슨 잘못을 저질렀는지 곰곰히 따져봐야 한다.

톨스토이

매순간 우리는 자신과 다른 사람이 다른 점을 찾지 말고 닮은 부분을 찾으려고 노력해야 한다.

존 러스킨

삶은 흥미진진한 일이며 남들을 위해 살 때 가장 흥미진진하다.

헬렌 켈러

한 가지 일을 잘하기 위해서는 그 일에 대한 모든 것을 잘 알고 있어야 하듯이, 바르고 착하게 살기 위해서는 그 방법을 알고 있어야 하고, 그렇게 살기를 원해야 한다.

에픽테토스

생명은 끝없이 그 겉모습을 바꾸고 있다. 사물을 겉으로만 보는 사람은 한 생명이 지금의 모습을 잃으면 그 생명이 끝난 것으로 안다.
하지만 한 생명이 지금의 겉모습을 잃게 되는 것은 또 다른 형태로 바꾸기 위한 변화일 뿐이다. 애벌레가 본래의 겉모습을 바꾸어 나비가 되는 것을 보아라. 아이는 늘 그 모습으로 사는 것이 아니라 자라서 청년이 된다.
따라서 처음에는 동물의 모습이었던 인간은 정신적인 인간으로 다시 나타나는 것이다.

루시 말로리

Wisdom

#지혜

지혜로움으로 한 조각의 미소를 짓다

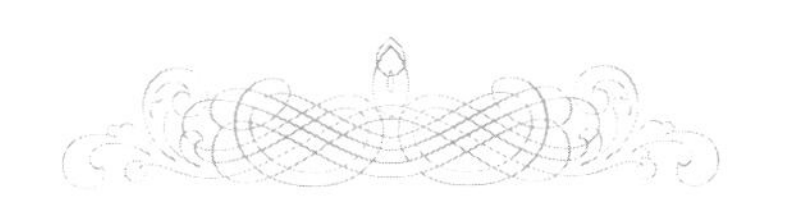

지혜의 세계는 끝이 없다. 인간은 진리 속에 있을 때만이 자유로우며, 그 진리는 지혜에 의해 열린다.
우리들은 자유롭지 못하다. 욕정에 붙들려 있거나 남에게 속박되어 있기 때문이다. 그런 속박은 얼마나 지혜롭게 대처하느냐에 달려있다. 참된 자유는 오직 잘못을 시정해 주는 지혜를 통해서만 완성된다.

톨스토이

길거리에 장난감을 던져놓으면 애들이 달려와 서로 가지려고 할 것이다. 하지만 어른들은 그런 일로 싸우지 않는다. 아이들 역시 그것이 빈 껍데기였다면 아무도 갖지 않으려고 할 것이다. 너무나 당연한 얘기다.
내가 보기에 돈, 지위, 명예 따위는 모두 그런 텅 빈 껍데기로 보인다. 그러니 당신은 다른 사람들이 싸우도록 놔둬라.
만일 그것들이 우연히 내 손에 들어온다면 나는 그것을 갖지 않겠다고 자신 있게 말하지는 않겠지만, 그것들을 주우려고 굳이 허리를 굽힌다거나 싸운다거나 발길질을 하는 유치한 짓은 하지 않겠다.

에픽테토스

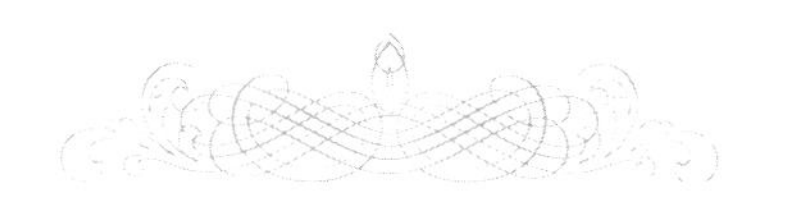

바른 지혜의 법칙을 아는 자는 지혜를 사랑하는 자보다 못하고, 지혜를 사랑하는 자는 지혜를 행하는 자보다 못하다.

중국의 명언

지적인 동물은 자기 운명에 자연스럽게 순응한다. 때문에 동물의 본성을 드러내며 운명과 부끄러운 투쟁을 해서는 안 된다.

마르쿠스 아우렐리우스

당신이 상대방의 처지가 되어보지 않았다면 남의 일에 콩 놓아라 팥 놓아라 하지 말라.

탈무드

이 세상의 모든 물질은 내 의지에 따라 그대로 둘 수도 있고, 파괴할 수도 있다. 세상은 껍데기이고 나는 그 핵심이다. 흙이 다시 흙이 되는데 뭐가 두려운가. 나는 흙이 아니므로 신의 법칙에 따라서 살아갈 것이다. 진정한 사랑은 신의 법칙 안에서 생각하고 행동할 때 나온다.

페르시안의 지혜

우울한 마음이나 초조한 마음을 좋아하고 그런 감정을 자랑하는 사람들이 있다. 그러나 그런 마음은 마치 당신을 산기슭까지 태워준 말의 고삐를 풀어주면서 채찍으로 철썩철썩 후려갈기는 것과 같다.

육체는 피로나 굶주림, 질병에 의해 정신 상태에 영향을 끼치는 일은 있지만 그것은 일시적인 현상에 불과하다. 그러나 아이들이나 신앙이 없는 사람들은 그런 일들로 인해서 자신의 존재와 관계를 모두 바꾸어버린다.

우울증이나 조바심 같은 일시적 현상에 의해 지금까지 자신이 좋아하거나 사랑하던 것들을 미워해서야 되겠는가.

모든 일이 캄캄하고 죄로만 보이고, 남에게 악담을 퍼붓고, 나쁜 유혹에 빠지고 싶을 때는 결코 자기 자신을 믿지 말라.

그런 상황에서는 자기 자신을 술 취한 주정뱅이로 여겨라. 그런 다음, 상태가 회복되기를 기다려라. 참고 견디면 원래의 상태가 된다.

세상이 추악해 보이고, 사람들이 싫고, 생각이 흔들리고, 모두가 어리석으며, 세상이 싫다고 생각될 때는 자기 자신조차 경계해야 한다.

그러면 당신은 전에 볼 수 없었던 새로운 사실을 깨닫게 될 것이다. 그때 당신은 자신 속에서 발견한 추악한 면을 통해 얻는 것이 있을 것이다.

육체적 고통이나 정신적 위축감은 우리들의 몫이므로 그런 것들이 소멸될 때까지 기다려야 한다.
자신의 처지가 괴로울 때는 달팽이가 껍데기 속으로 움츠러들듯이 죽치고 들어앉아 적당한 때를 기다리는 것이 좋다. 그러면 언젠가는 시작할 때가 올 것이다.

톨스토이

어떤 사람이 실수를 하더라도 화를 내지 말아야 한다. 일부러 실수를 저지르는 사람은 없기 때문이다. 실수를 한 사람은 그것이 일시적으로 옳다고 생각했기 때문이다.
누구나 실수를 한 번쯤은 하게 된다. 진실이 눈앞에 보이는 데도 그것을 일부러 받아들이지 않는 사람은 없다. 단지 그 진실을 이해할 수 없기 때문에 못 받아들이는 것뿐이다. 그러므로 실수를 하는 사람들을 보면 화를 내기보다는 동정해주어야 한다.

에픽테토스

인간이 걸어야 할 올바른 길과 지켜야 할 규범은 사람들로부터 먼 곳에 있지 않다. 만약 자기와 멀리 있는 것, 자기의 본질과 일치하지 않는 것을 행위의 규범으로 삼았다면 잘못이다.
도끼 자루를 만드는 목수는 견본을 가지고 있다. 그는 깎은 자루를 손에 들고 새로운 자루를 만들려고 앞, 뒤, 좌우로 살핀 후 견본과 잘 맞는지를 확인한다.
마찬가지로 지혜로운 사람은 자신의 이념과 행위를 다른 이의 상황을 견주어 규범을 찾아내며 자신이 싫어하는 일은 남에게도 권하지 않는다.

공자

눈은 육체의 등불이므로 눈이 깨끗하면 육체의 모든 부분이 깨끗하다. 만약 눈이 옳고 그름을 구분하지 못한다면 육체는 어두워질 것이다. 우리는 매순간 자기 마음속 등불이 꺼져 있는지 확인해야 한다.

성경

인생에서 지혜는 어두운 길을 앞장서서 밝혀주는 등불과 같다. 등잔을 손에 쥐고 있는 사람은 빛이 닿지 않는 곳으로는 갈 수 없고, 그 빛을 앞장설 수도 없다. 그러므로 지혜는 영원하다. 등불은 마지막 순간까지 비치고 사람은 언제까지라도 그 뒤를 따른다.

톨스토이

어떤 사람이 환경을 훼손시켰다면 환경 또한 그에게 벌을 준다. 그러나 환경을 보호하는 사람에게는 좋은 공기와 선물을 안겨준다. 만약 환경이 당신에게 해택을 주지 않는다고 할지라도 반항을 하거나 훼손시켜서는 안 된다. 환경에 반항하는 자는 그 노예가 되고, 환경에 순종한 자는 그 주인이 되기 때문이다

탈무드

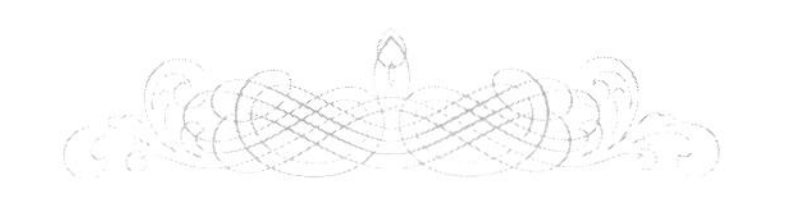

착한 지식에 도달하기 위해서는 결코 부드러운 잔디밭길이 아니라 험한 바윗길을 기어올라가야 한다.

존 러스킨

좁은 문으로 들어가라. 파멸로 향하는 문은 넓으며 그 문으로 들어가는 사람은 아주 많다. 참된 생명에 이르는 문은 좁고, 좁은 문을 찾아내는 사람은 적다.

성경

우리가 일하는 것을 습관으로 생각한다면 노동의 고통을 느끼지 못할 것이다. 그러나 일하지 않는 사람이 고통을 느낀다면 자기도 모르는 사이에 그 고통은 더욱 커질 것이다.
이처럼 덕성 있는 사람은 고통을 대수롭지 않게 여기지만, 정신적 수양이 없는 사람은 가벼운 고통에도 비명을 지르며 괴로워할 것이다.

톨스토이

지혜로운 사람은 자신 안에서 모든 것을 구하지만, 어리석은 자는 다른 사람의 것을 부러워하며 모든 것을 밖에서 찾는다.

공자

마음이 넓은 사람은 현재 생활을 만족하지만, 마음이 좁은 사람은 다른 사람에게까지 불평불만을 털어놓는다.

중국의 속담

누가 돈을 요구하면 돈을 주고, 밥을 달라고 하면 밥을 주는 것이야말로 성스러움에 가까이 갈 수 있는 길이다.

붓다

제자들이 예수에게 말했다.
"저희들의 믿음을 강하게 해 주십시오"
예수는 대답했다.
"너희들이 밭을 갈고 가축을 치는 종을 거느리고 있다면, 그가 밭에서 돌아 왔을 때 빨리 와서 저녁을 먹으라고 말하겠는가? 아니면 종에게 너희의 저녁 식사를 준비하고, 식사를 하는 동안 시중을 들게 한 후, 밥을 먹으라고 말할 것인가?
주인이 시킨 일을 종이 정성스럽게 마쳤다고 하더라도 주인은 그를 고맙게 생각하지 않는다. 너희들도 누군가에게 명령을 받는다면 '저는 쓸모없는 종입니다. 그저 제가 해야 할 일을 다 했을 따름입니다'라고 말해라."

성경

자기 자신을 낮추면 낮출수록 그는 더 높아지고, 보잘것 없다고 생각하면 더욱 존경받게 된다.

바라문교의 성전

한 사람의 착오는 그 사람에서 끝나는 것이 아니다. 그의 잘못된 판단은 주위 사람들에게까지 퍼지기 때문이다.

헨리 데이비드 소로

행동이 부산스러울수록 사물을 보는 눈이 없다. 그러나 지혜로운 자는 여행하지 않아도 견문이 있으며, 사물을 보지 않고도 그것의 속성을 알고 있다. 그것은 그가 자신의 가치를 이미 깨닫고 마음의 눈으로 사물과 세계를 바라보기 때문이다.

노자

사회적인 문제는 이론만으로는 해결할 수 없다. 개인이나 단체의 단순한 이익문제를 초월하여 종교적인 감정과 인류의 고뇌에 대한 동질감을 느껴야 한다. 모든 사회 문제의 근원에는 사회 구성원 모두가 느끼는 공통된 부정이 있기 때문이다.

헨리 조지

이 세상에서 영원히 변하지 않는 법칙은 오직 신의 규범뿐이다. 인간이 만든 규범은 시대와 사상에 따라 수정 보완된다. 그러나 신의 규범은 언제나 변함없는 자연과 같이 변하지도 사라지지도 않는다.

톨스토이

가장 좋은 음식은 자신이나 자녀들이 만든 음식이다.

마호메트

권력과 지혜를 갖춘 사람은 자신의 능력을 약한 사람을 지도하는 데 써야 한다. 그 힘은 약한 사람을 짓밟고 이용하기 위해 주어진 것이 아니다.

존 러스킨

발톱 끝으로 서 있는 사람은 그 자세를 오랫동안 유지할 수 없다. 마찬가지로 자신이 신이라도 되는 것처럼 행동하는 사람은 스스로 빛나지 않는다.
자랑을 일삼는 사람은 보답을 받을 수 없고, 뽐내는 사람은 그 이상으로 자신을 높일 수 없다. 내색하지 않더라도 사람들은 그에게 혐오감을 느끼고 있기 때문이다.

노자

백성은 민주주의의 재료지만 민주주의의 실체, 즉 보편적 이성과 정의와 유용성을 드러내는 법률은 오직 지혜만이 제대로 만들 수 있는 것인데, 백성은 누구나 지혜를 가진 것이 결코 아니다.

아미엘

오늘 자기의 육체를 사용하라. 내일이면 부서질지도 모른다.

탈무드

한 자루의 초가 다른 초에 불을 붙이고 마침내 천 자루의 초에 불이 당기듯, 한 사람의 마음은 다른 사람의 마음을 불태워서 마침내 천 사람의 마음을 불태운다. 다섯 조각의 빵으로 오천 명이 먹고도 남은 예수의 기적은 오직 사랑이 더하고 커질 때에만 가능한 것이다.

톨스토이

시장에서 식량을 사는 것은 부모가 없는 젖먹이 아기에 비유할 수 있다. 아무리 많은 사람이 아기에게 젖을 주어도 아기는 여전히 배가 고프다. 자기가 농사를 지어 밥을 먹는 사람은 모유를 먹는 아기와 같다.

탈무드

자기의 운명이 행복한 것이라고 생각하는 사람은 결코 공손할 수 없다. 반대로 자기를 신의 노예라고 생각하고 자신은 봉사하기 위해 태어났다고 생각하는 사람은 공손하지 않을 수 없다.

톨스토이

인간이 만든 법은 신의 규범을 적용시켜 발전시키고 그것에 적용되는 정도에 따를 때 선과 가치를 창조한다. 신의 규범에 위배된 인간의 법은 악법이다.

주세페 마치니

시기적절한 침묵은 지혜며 어떠한 연설보다도 낫다.

플루타르코스

Happiness and Unhappiness

#행복과 불행

행복의 두 가지 얼굴을 보라

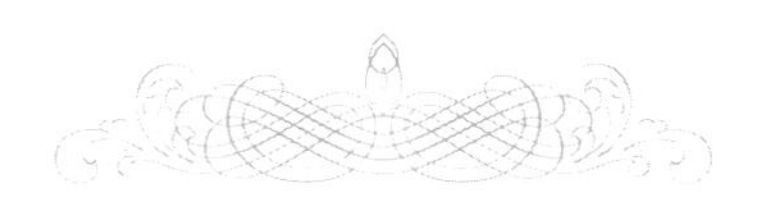

참된 행복은 도덕 그 자체이다. 행복한 상태라는 것은 마음이 편하고 만족스러운 것과 즐거운 기분이다. 마음이 편하고 만족스러운 것은 현세의 행복이 허망하다는 것을 깨달은 도덕성이 높은 사람들에게만 가능한 것이며, 즐거운 기분은 자연이 주는 선물이다.

칸트

어느 누구도 자신이 행복을 받을 만한 가치가 있다고 생각하는 사람은 없다. 그러나 인간이 생각할 수 있는 최대의 행복은 스스로 정한 지혜로운 규범에 따라 사는 것이다. 그 규범은 당신에게 이렇게 말할 것이다. 남에게 착한 일을 하는 것이야말로 최고의 행복이라는 생각을 잊지 말라고 말이다.

마르쿠스 아우렐리우스

참된 행복은 우리의 손 안에 있다. 그것은 그림자처럼 모든 착한 생활의 뒤를 따른다.

톨스토이

우리들이 행복을 위해 태어났다고 믿고 있는 것은 큰 잘못이다.

쇼펜하우어

바다 저쪽에서 행복을 구하지 말라. 신은 우리가 필요한 모든 것은 손쉽게 얻을 수 있도록, 그리고 얻기 어려운 것은 불필요한 것으로 만들었다. 이런 행복을 주신 신에게 감사하라.

스코로보다

돌이 항아리 위에 떨어지면 그것은 항아리의 불행이고, 항아리가 돌 위에 떨어져도 그것은 항아리의 불행이다. 어쨌든 항아리의 불행인 것은 사실이다.

탈무드

죄는 자기 자신이 짓는 것이며 악한 생각도 자기가 하는 것이다. 죄를 안 짓고 깨끗하게 살아야 한다고 생각하는 것도 자기 자신이다. 그러므로 이 세상 어느 누구도 자기 자신 이외에는 그대를 구원하지 못한다.

불경

정신의 완성에 생활의 목적을 두고 있는 자에게는 불만족이란 있을 수 없다. 왜냐하면 그가 바라고 있는 것은 오로지 그 사람의 힘 안에 존재하고 있기 때문이다.

파스칼

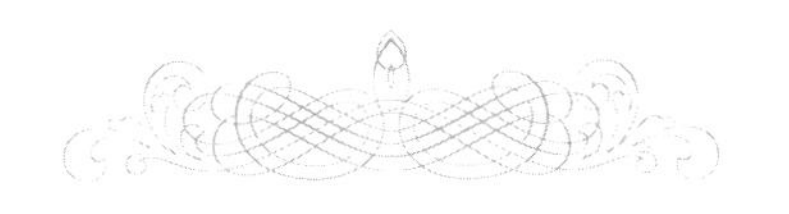

인간의 행복은 금은 보배에 있는 것이 아니다. 행복과 불행의 정령은 자신의 심령 속에 살고 있다. 올바른 일을 하려는 마음을 품지 않는 한, 착한 사람이 못 된다.
현명한 사람은 어디에 가도 자기 자신을 집으로 여긴다. 고상한 영혼에게는 모든 세계가 자기 고향이다.

데모크리토스

남의 행복을 위해 자신의 이익과 욕심을 버리고 일하는 것 이상의 행복은 없다. 그런 일은 영원한 행복을 위해 일하는 것과 같다.
사람들이 자신의 이기적인 일 때문에 애쓰는 것과 마찬가지로, 사회의 이익을 위해 애쓸 때 사람들은 평화와 행복을 얻을 것이다. 그때야말로 그에게는 불변의 행복이 그 앞에 열릴 것이다.

루시 말로리

자신은 완성된 자아이기를 원하지만 자신에게는 결점이 있고, 남들이 그 결점 때문에 자신을 배반하고 멸시한다는 것도 안다. 그처럼 자기가 바라는 일이 원하는 대로 이루어지지 않는다는 것을 알면서 무서운 죄도 저지르게 되는 것이다.

파스칼

사람에게는 확실한 고정 관념이 하나 있다. 그것은 어린 아이들이 자기 눈을 감는 것처럼 자기가 보이지 않으면 남도 자기를 못 볼 것이라는 믿음이다. 자기 언행이 남에게 주는 인상이 어떤지 생각해보는 일은 꼭 필요하다.

톨스토이

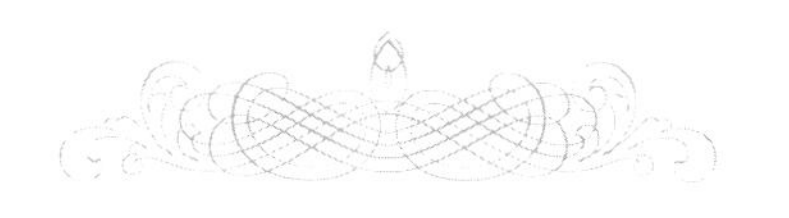

남들에게 훌륭하다는 말을 듣기 위해서 살지 말라. 남들이 당신을 나쁜 사람이라고 말하는 것을 두려워하는 것은 허영심 때문이다.

루시 말로리

사람들은 남의 허물을 참지 못하면서 자기 허물은 전혀 자기 스스로 노력하지 않고, 그 어떤 것이 나에게 구원과 행복을 줄 것으로 기대하는 바로 그 순간에 가장 약해진다.
행복을 자기 자신 이외의 곳에서 찾으려고 하는 것은 잘못이다. 행복은 과거나 미래에 있는 것이 아니며 자기 자신 이외의 곳에 있는 것도 아니다.

톨스토이

남의 일에 아랑곳하지 않는다. 그리고 남을 비난하면서 그런 일이 끔찍한 일이라고 말한다.
하지만 당신의 그런 행위가 곧 자기 자신의 인격을 보여주고 있다는 것을 깨닫지 못한다. 우리에게 남을 거울삼아 자기 결점을 고칠 수 있는 용기가 있다면 얼마나 좋을까.

카헐 브루

인간의 못된 본질 중의 하나는 자기 자신을 사랑하고, 존중하고, 자기 자신의 행복을 바라는 일이다. 그러나 자기 자신만을 생각하는 사람은 불행하다.
인간은 위대하기를 바라지만 스스로가 위대하지 못하다는 것을 알고 있다. 인간은 행복을 원하지만 불행이 찾아온다는 것도 이미 알고 있다.

파스칼

도덕은 우리가 행복해질 수 있는 원리가 아니라 행복을 얻을 자격이 있게 만드는 원리다.

칸트

스스로 옳다고 생각하는 일을 하라. 그리고 그 때문에 아무런 명예도 기대하지 말라. 어리석은 자는 착한 행위에 대한 그릇된 심판자를 의미한다.
자신의 행복을 자녀나 친구들로부터 구하려는 사람을 행복한 사람이라고 말할 수 없다. 그런 불확실한 행복은 잠시뿐이다. 행복은 자신이 발판을 만들어야 한다.

데모스테네스

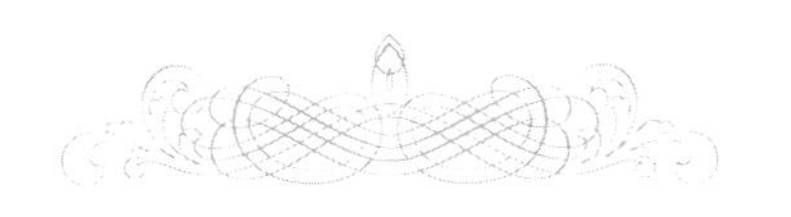

인간의 행복은 불행을 참고 견디는 일이다. 가정이나 국가로부터 쫓겨나서 그 어떠한 기쁨에도 웃음이 나오지 않는 최악의 상태로 떨어졌을 때, 그는 태어나서 한번도 경험하지 못한 깊은 고독의 시간을 갖게 될 것이다.
그 고독은 인생이라는 장애물 달리기 레이스에 놓여있는 하나의 장애물에 불과하다는 것을 깨닫게 해준다. 자신의 의지가 순결하고 행실이 바른데도 불구하고 다른 사람의 비난과 반대에 맞서게 될 때, 그에게 행복이 찾아온다.
비난은 그를 공손함으로 이끌어주며 스스로의 진실이 해독제가 되어주기 때문이다.
많은 사람들이 자신을 멸시하고 사랑을 빼앗아 갈 때, 비로소 신과 만나는 기회를 갖는다. 신과의 만남을 통해 그는 더욱더 자신과 신을 믿게 되며 아무리 고통스럽고 슬퍼도 다른 사람의 말에 마음이 흔들리지 않는다.

포마 캠비스키

인간의 영원한 생명을 믿고 있는 사람만이 모든 순간마다 행복을 느낄 수 있다. 우리에게 스쳐지나가는 사소한 일에서도 의미를 갖고 작은 깨달음을 얻는 사람만이, 작은 의무도 소홀히 하지 않고 그것을 통해 보람을 느낀다.

톨스토이

하느님의 뜻은 우리를 행복하게 하는데 있는 것이지 서로 불행과 고통 속에 살게 하는데 있는 것이 아니다. 사람들은 서로 기쁨을 나누는 것이지 불행을 나누는 것은 아니다.

존 러스킨

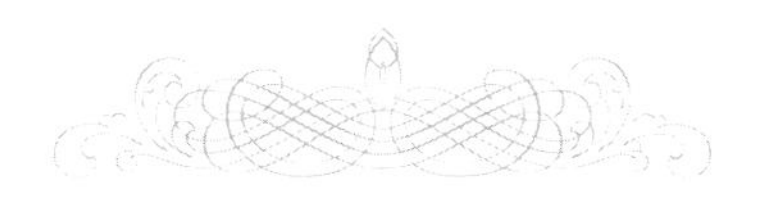

사람은 자기가 행복할수록 그 행복을 남에게 나눠주고 싶어하는 존재이다.

벤담

나무들의 행복은 빛 속에 있다. 나무는 가지를 어디로 뻗을 지, 어느 쪽으로 뻗어야 햇빛을 더 많이 받을 것인지를 아무에게도 묻지 않는다. 나보다 남의 행복을 더 원한다는 것은 무슨 뜻인가. 그런 희생적인 사랑보다 더 훌륭한 사랑이 있을까?

톨스토이

우리는 육체적인 생활을 하는 것이 안 좋다는 것을 알면서도 어느새 육체적 쾌락을 생각하고 있다.
에픽테토스는 우리들이 자연의 법칙에 따라서 생활한다면 결코 불행하지 않을 것이라고 말한다. 그의 말처럼 세속적인 관습에 맞는 생활을 한다면 재산이나 명예는 얻을 수 있지만 진정한 보물은 얻을 수 없을 것이다.
우리가 자연의 모습을 배우면서 살아간다면 아주 작은 돈과 간소한 살림으로도 살아갈 수 있다. 그러나 우리 사회의 제도와 관습을 따라 산다면 너무 많은 것들을 필요로 하며 살아야 한다.

세네카

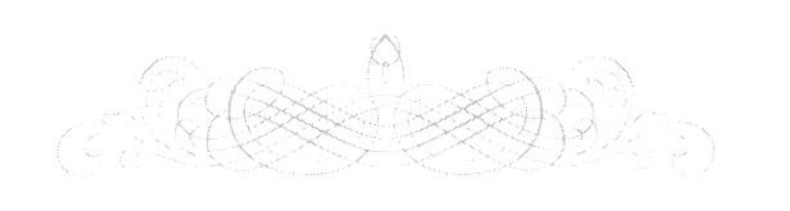

사람들은 많은 재산과 명예와 권력을 얻는 것이 진정한 행복이라고 생각하고 있다. 그러나 나는 아무것도 바라지 않는 것에 최고의 행복이 있으며, 신의 행복이 있다고 생각한다. 그리고 원하는 것이 적으면 적을수록 최고의 행복에 가까이 가고 있다고 생각한다.

소크라테스

어떤 사람은 행복을 권력에서 찾고 또 어떤 사람은 학문과 쾌락 속에서 찾는다. 그러나 행복을 느끼는 사람들은 어떤 한정된 사람들만이 행복할 수 있다고 생각하지 않는다.
그들은 모든 인류가 언제라도 또 아무런 제한이나 차별 없이 행복을 느낄 수 있는 것이라고 생각한다. 행복을 어떤 욕망이나 집착과 바꾸지만 않는다면 누구나 행복한 삶을 살 수 있다.

파스칼

행복은 어떠한 상태가 아니라 진행하는 한 방향이다. 그리고 우리에게 최고의 행복을 안겨주는 것은 자기 자신에 대한 봉사가 아니라 다른 사람을 향한 봉사이다.

톨스토이

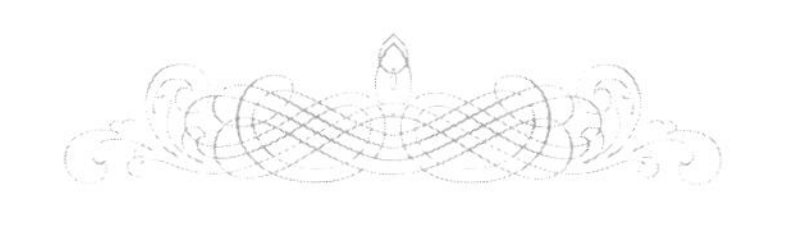

문제의 해결책을 외부에서 찾는 것은 어리석고 위험하다. 모든 문제는 자신의 마음 안에서 시작되기 때문이다.

로버트슨

나는 일생 동안 친구와 가족 중 그 누구도, 심지어는 나 자신조차도 행복하게 만들지 못했다. 나는 80만 명의 젊은이들을 전쟁터로 내몰아 죽게 만들었고, 그들의 가족들은 지금 비탄에 잠겨 있을 것이다.
내가 전쟁을 일으켰지만 행복하기는커녕 괴롭기만 하다. 그것은 나를 원망하고 전쟁을 원망하는 사람들이 나와 신 사이를 가로막고 있기 때문일 것이다.

비스마르크

불행한 사람은 자신이 무지하기 때문에 불행하다는 것을 깨달아야 한다. 만약 그가 자연의 법칙에 따르고 자연을 소중히 여긴다면 자연은 그에게 행복을 안겨줄 것이다.
반대로, 자연의 법칙을 거스른다면 자연은 그를 고독하게 만들어 집착과 욕심을 버리기를 경고할 것이다. 덕성이 높은 사람이라면 자연의 경고를 받아들여 진정한 행복을 얻게 될 것이다.

칼라일

불행한 사람은 무엇을 어떻게 해야 할까? 자신의 처지를 원망할 것인가 아니면 다른 사람을 비난하며 세상을 탓할 것인가. 성인들은 자신 이외의 그 누구에게도 죄를 덮어 씌우지 말라고 가르친다.

톨스토이

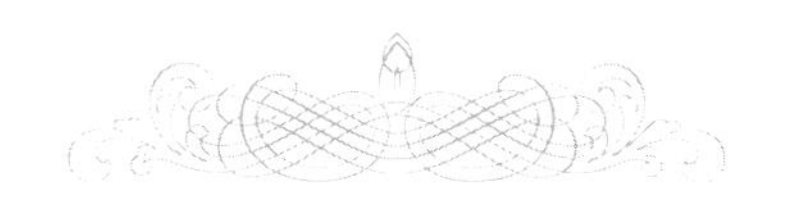

하늘을 말할 때, 우리는 머리 위에 있는 광대한 공간을 떠올린다. 그러나 지구도 다른 우주의 공간에서 보면 하늘에 떠 있는 별들 중의 하나이다. 그리고 다른 별에서 살고 있는 사람들은 지구를 가르키며 이렇게 말할 것이다.
"저 별에는 영원한 행복이 있단다. 우리의 신이 살고 있는 곳이지. 언젠가 우리들은 저곳에 가게 될 거야."
오래 전부터 내려오는 인간의 그릇된 생각 때문에 우리들의 신앙은 언제나 높은 곳으로 올라간다고 생각한다. 아무리 높은 곳으로 올라간다 하더라도 다시 아래로 떨어져야 한다.
만약 우리들이 이 세상에서 행복의 장소를 정신에서 구한다면, 그것이 자기 위에 있든 아래에 있든 아무 관계가 없다. 그곳은 공간과 시간이 분리된 물질세계의 척도가 아닌 정신세계이기 때문이다.

칸트

사람은 행복해지기에 앞서서 반드시 웃어야만 한다. 그렇지 않으면 한 번도 웃어보지 못한 채 죽을지도 모른다.

라브뤼예르

인생의 행복과 재앙의 경계선은 모두 생각이 만든다. 그러므로 생각이 조금만 달라져도 경계는 전혀 딴판이 된다.

채근담

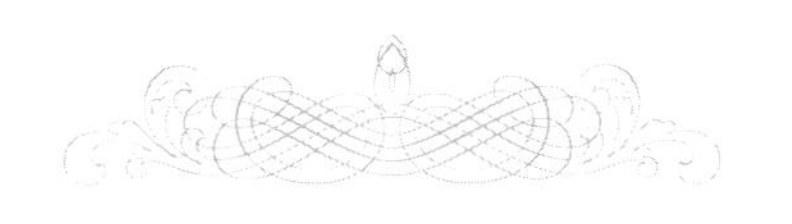

의사가 환자의 병에 맞게 각기 다른 처방전을 써주듯이, 신은 우리에게 질병이나 슬픔, 사고와 같은 손실에 대한 처방을 달리 써준다.
의사의 처방전이 환자의 회복을 위한 것이듯, 신이 내린 고통은 그 사람의 도덕적인 건강을 회복하고 인류애를 느끼게 하기 위한 것이다. 그리고 각자에게 주어진 의무는 환자가 의사의 처방을 받아들이듯이 아무런 불평 없이 받아들여야 한다.
자기에게 일어나는 모든 것을 기꺼이 받아들일 때 자신의 정신은 더욱 건강해지고 영혼은 성숙해진다. 자기 앞에 놓여진 고통은 스스로 치유하고 고쳐야 할 병이 있기 때문에 생겨난 것이다.

마르쿠스 아우렐리우스

Love

#사랑

사랑은 모든 것을 치유한다

사회의 모든 문제를 해결하고 최고의 행복을 가져다주는 것은 사랑이다. 사랑은 삶의 무의미한 것을 가장 소중한 것으로 바꾸고 불행을 행복으로 바꾼다. 사랑은 죽음까지 없애는 위대한 힘을 가지고 있다.
사는 게 괴롭고 자신과 사람들이 두렵게 느껴질 때 마음속으로 '나를 사랑하고 내 이웃을 사랑하자'라고 속삭여라. 그 말대로 사랑하며 살아가면 어느덧 자신을 괴롭히던 고통은 밖으로 나가고 사랑만이 남게 된다. 사랑은 가진 것이 적어도 더 바라지 않고, 모든 두려움에서 해방시켜주는 치유의 약이다.

톨스토이

깊은 상처에서 독을 빼낼 수 있는 것은 친절한 자비와 사랑뿐이다. 만약 상처에 칼을 대거나 악담이나 욕설을 퍼부어 댄다면 상처는 덧나서 더욱 큰 상처를 만들 것이다.
이처럼 남을 무시하거나 욕하고 벌을 주는 악한 행위는 끝이 없다. 다른 사람으로 인해 나쁜 상념이 생겼다면 그 자리에서 모두 잊어야 한다. 그렇지 않고 상대를 모욕하고 비난하는 마음을 더욱 키운 채 생활한다면 상대를 해치기도 전에 자기가 먼저 무너지고 만다.

아미엘

강물에 돌을 던져도 물의 흐름은 흐트러지지 않는다. 신앙 있는 사람이라 하더라도 나쁜 말을 듣고 마음이 동요된다면 그는 큰 강이 아니라 물웅덩이에 지나지 않는다.
다른 사람 때문에 자신이 불행하더라도 그를 먼저 용서하는 마음을 가져야 한다. 자기 자신도 용서를 받아야 할 존재라는 것을 잊고 살아서는 안 된다. 우리는 모두 흙으로 돌아가야 한다는 사실을 잊지 말고 서로 조화롭게 살아가야 한다.

사디

성 프란시스코는 완전한 기쁨은 남의 비방을 참는 것과 그로 인해 생긴 육체적 고통을 견디는 것, 그리고 그 비방과 고통의 원인을 적대시하지 않는데 있다고 했다. 그리고 완전한 기쁨은 사람들의 악이나 고통으로는 파괴할 수 없는 참된 신앙과 사랑에서 나오는 진정한 기쁨이다.
남들이 자신을 비방하고 욕설할 때 기뻐하고 칭찬할 때 슬퍼하라. 다른 사람과 이야기를 나눌 때 그로부터 찬사나 칭찬을 기대하지 말고 비난이나 멸시처럼 당신에게 싫은 말이 나올지도 모른다는 것을 생각하라.

톨스토이

사랑에는 두 가지가 있다. 하나는 인류의 정신적 근원에 대한 사랑을 모른 채 사랑하는 것이고, 다른 하나는 인류의 형제애를 느끼며 사랑하는 것이다.
이 두 가지 사랑에는 커다란 차이가 있다. 첫 번째 사랑은 다른 사람이 자기의 마음에 드는 동안만 사랑하는 것을 말하고, 두 번째 사랑은 상대가 마음에 들지 않거나 멀리 떠났을 때에도 그를 사랑하는 것이다.
첫째의 경우에는 사랑하는 대상이 바뀌고 그에 대한 감정이 변하기 때문에 사랑의 대상은 쉴새없이 바뀐다. 그렇지만 둘째의 경우는 어떤 특정한 사람만을 사랑하는 것이 아니라 인류에 대한 광범위한 사랑이기 때문에 그 사람의 덕성의 성숙도에 따라 사랑은 달라진다. 신의 사랑을 깨달은 사람은 인류애를 깊이 느끼고 더욱더 사랑하게 될 것이다.

표도르 글랏코프

당신에게 사악하게 구는 사람을 친절하게 대하라. 날카로운 칼로는 부드러운 명주를 자를 수 없는 법이다. 부드러운 말, 착한 행위는 한 올의 머리카락만으로도 능히 코끼리를 끌고 갈 수 있을 만한 힘이 있다.

사디

원수를 사랑하라. 그러면 그대의 원수는 사라진다. 미운 사람이나 적의를 품은 자를 호의적으로 대해주는 것만으로 "내가 과연 신의 사랑을 할 수 있는가?"라고 반성하는 기회를 갖는다.

톨스토이

당신이 지금 느끼고 있는 즐거움은 당신이 이웃을 위해 건넨 미소의 선물이다.

동양의 성언

성경은 신에 대한 숭배와 신의 규범에 대한 순종의 방대한 내용을 담고 있다. 그러나 신의 규범은 이웃을 사랑하는 일, 그 한 가지에 모두 포함된다.
자기 자신을 사랑하듯 이웃을 사랑하는 사람은 이미 신의 규범을 지키며 행복하게 살고 있다는 것을 의미하지만, 반대로 이웃을 업신여기고 미워하는 자는 고뇌와 이기심에 빠져 있다는 것을 의미한다.

스피노자

용서할 줄 모르는 사람은 자신이 건너야 할 다리를 없애버리는 어리석은 사람과 같다. 살아가면서 우리는 때때로 자기 자신을 용서하고 남을 용서해야 한다.

허버트 모리슨

사랑이 없으면 어떠한 일을 해도 이익을 얻을 수 없다. 그러나 사랑이라는 이름으로 행해진 일은 보잘것없고 헛되어 보여도 언젠가는 아름답고 귀한 열매를 맺는다.

톨스토이

사랑과 친절만으로 상대의 노여움을 풀 수 있다. 그것은 적의 무장을 해제시키는 강한 힘을 가지고 있다. 장작이 줄어들면 불이 꺼져가는 것처럼 자애와 친절은 폭력을 없앤다.

인도의 성전

사랑은 신의 마음이 행동으로 나타난 것이다. 일반적으로 사랑한다는 것은 착한 일을 의미한다. 사랑은 말로 그치는 것이 아니라 다른 사람에게 행복을 가져다주는 행동의 실천이다.
어떤 사람이 미래에 사회복지와 봉사에 힘쓰겠다고 다짐을 했지만, 오늘 길에서 만난 불우한 이웃을 돕지 않았다면 자신과 남을 속인 것과 같다. 그는 자기 외에 아무도 사랑하고 있지 않는 것이다.

톨스토이

죄인에게 자신은 선을 사랑한다고 말함으로써 죄인에게 증오심을 불러일으킨다면, 그는 참된 사랑을 모르는 사람이다. 신에 대한 사랑은 사람을 구별하지 않고 모두 친절하게 대하는 것이다.

존 러스킨

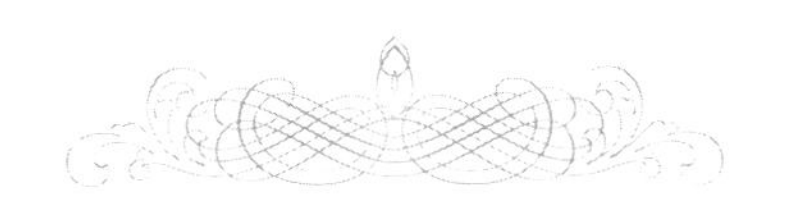

자신보다 뛰어난 사람을 부러워하거나 자신보다 못한 사람을 동정해서는 안 된다. 자신을 다른 사람과 비교하는 것은 아무런 도움이 되지 않는다.
우리가 해야 할 일은 뛰어난 자를 따르거나 어리석은 자를 조롱하는 것이 아니라, 모두와 영원한 관계를 맺고 있다는 사실을 깨달아 자신의 도움을 필요로 하는 사람을 돕는 것이다.
그리고 모든 존재를 모방하지 않고 선과 사랑으로 이끌어주는 것이 인생에서 가장 보람있는 일이다. 그런 자세야말로 신에게 공손하는 것이며, 자신의 삶을 조화롭게 만든다.

존 러스킨

바리새인이 예수에게 물었다. "남편이 아내에게 이혼을 요구할 수 있는 조건은 무엇입니까?"
예수가 말하기를, "너희들은 태초에 하느님이 남자와 여자를 만들고 부부가 되도록 했다는 말씀을 읽은 적이 없느냐? 아버지 되는 자와 어머니 되는 자가 결합하여 두 사람이 하나의 육체가 되는 것이다. 아내와 이혼하고 다른 여자와 결혼하는 남자는 간음을 범하는 자이다. 남편을 버린 여자와 결혼하는 남자 역시 간음을 범하는 자이다."

성경

당신은 배우자에 대한 의무를 게을리할 수도 있고, 그 의무에서 생기는 슬픔을 피할 수도 있을 것이고, 그냥 거기서 떠나버릴 수도 있을 것이다. 하지만 그래서 당신은 도대체 무엇을 찾을 수 있을 것인가? 단지 비애일 뿐이다. 그러나 그 비애는 의무를 잃어버린 비애이다.

조지 엘리엇

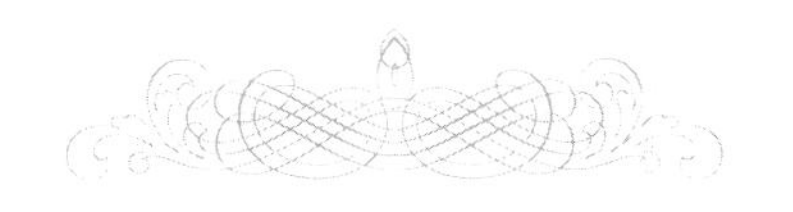

이웃을 사랑하는 사람, 그 중에서도 이웃이 착한 이웃인지 나쁜 이웃인지 구별하지 않고 사랑하는 사람은 가장 완성된 인격을 갖춘 사람이다.

마호메트

자기 자신을 판단하지 말고 다른 사람과 비교하지 말라. 그저 자기 자신의 완전성과 만족성을 생각해야 한다.
순종은 사랑을 불러온다. 특히 착한 순종은 모든 사람의 마음을 잡아끈다. 그러나 그 힘은 스스로가 만들어야 한다. 순종은 아무나 저절로 할 수 있는 것이 아니기 때문이다.

톨스토이

행동에 옮겨라. 그러면 당신에게도 사랑과 선행으로 인해서 마음의 평화를 얻고 스스로의 운명에 만족하는 사람들처럼 살 수 있는 길이 열릴 것이다.

마르쿠스 아우렐리우스

사랑에는 시간이 없으므로 앞으로의 사랑이란 있을 수 없다. 오로지 지금 이 순간만 있을 뿐이다. 현재 사랑을 실천하지 않는 사람은 사랑이 메마른 사람이다.

톨스토이

Humility

#겸손

물처럼 겸손하라

물처럼 움직여라. 물은 장애물이 없는 한, 흐르고 둑을 만나면 멈춘다. 그리고 둑을 없애면 물은 다시 흐른다. 물은 그릇에 따라 모나게 변하기도 하고, 둥글게 변하기도 한다. 물은 바로 그 기질 때문에 강한 것이다.

노자

인간은 자신의 내면 속으로 깊이 들어가면 갈수록 자신이 아주 보잘것없는 사람이라는 것을 느끼게 된다. 성자의 첫 번째 가르침은 무엇인가? 그것은 겸손이다. 예수와 그 제자들은 겸손에 대해 그토록 가르쳤지만 사람들은 그것을 잘 이해하지 못했다.
겸손은 사람이 자기 스스로를 알고자 할 때 그 내부에서 처음 나오는 느낌이다. 겸손은 지혜를 깊게 한다. 자기가 스스로의 약점을 안다는 것이 바로 힘이다.

챠닝

겸손한 것은 자기만족에서 오는 것으로 거만한 인간들이 좀처럼 알 수 없는 기쁨을 준다. 자신의 모든 것을 희생할 각오가 되어 있는 자에게는 늘 평화가 있다.
평화의 가장 큰 장애는 오만이다. 남으로부터 욕을 먹고 오해를 받는 한이 있더라도 겸손하면 평화가 온다.

톨스토이

겸손은 인간을 확고한 지위로 올려놓는다. 그런 지위에 서게 되면 마침내 자신에게 주어진 숙명적인 일을 이룰 수 있다. 자신을 내세우면 내세울수록 자기 처지는 더욱 약화된다. 자신이 얼마나 강한지 알려고 노력해라. 자신의 힘을 알고 나면 그 힘을 과소평가해야 하고 과대평가하는 것을 두려워해야 한다.

톨스토이

자기 자신에게는 엄격하고 다른 사람에게 겸손하게 대한다면 그 누구도 그를 미워할 수 없다.

중국의 성언

자신의 이익보다는 여러 사람들의 이익을 먼저 생각하는 사람은 언제나 겸손하다. 그는 자연의 법칙을 거스르지 않고 하늘과 도덕을 따르기 때문이다.

노자

자만심이 강한 사람은 자기 자신밖에 볼 수 없다. 자기 눈에 자기가 잘난 것밖에 보이지 않는다는 뜻이다. 만약 그가 하느님을 볼 수 있는 눈을 가졌다면, 자기 자신만큼 약점이 많은 인간이 없다는 것을 깨닫게 될 것이다.

사디

수고하고 무거운 짐을 진 자는 모두 내게로 오라. 내가 너희를 쉬게 하리라. 나의 멍에를 메고 나를 본 받으라. 겸손하고 마음이 가난하면 그대는 안식을 얻으리라.

성경

자기 자신에게 엄격하되 다른 사람에게는 공손해라. 그러면 그때 그대의 적은 없어질 것이다.

중국의 성언

물은 낮은 곳으로 흐른다. 골짜기를 모두 지배하려면 골짜기보다 낮아야 한다. 그처럼 성자가 남보다 높고자 하려거든 말이 먼저 겸손하여야 한다. 사람들을 인도하려면 앞서는 것이 아니라 뒤에서야 한다.
그러므로 성자는 사람들보다 높은 곳에 살고 있어도 사람들은 그것을 느끼지 못한다. 참으로 그들보다 훨씬 앞에서 있는데도 사람들은 그것을 언짢게 여기지 않는다.
성자는 그 누구하고도 다투지 않기에, 이 세상의 그 누구도 그와 다투지 않는다.

노자

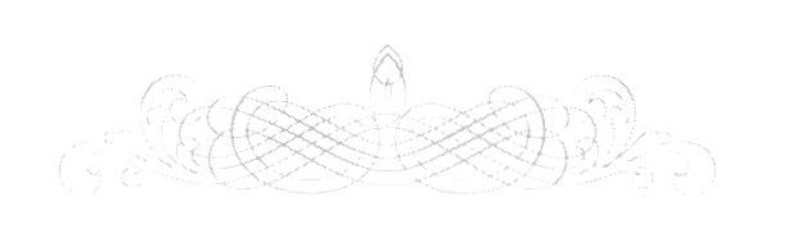

사람은 스스로 자신을 들어 올릴 수가 없듯이 자신을 칭찬할 수도 없다. 따라서 자신을 칭찬하면 할수록 사람들 눈앞에서 자신의 가치를 떨어뜨리고 있다는 것을 알아야 한다.

"나는 겸손한 사람입니다"라고 말하는 사람은 결코 겸손한 사람이 아니다. 그러나 "나는 아무것도 모릅니다"라고 말하는 사람은 잘 알고 있는 사람이다. 나는 뭐든 잘 알고 있다고 말하는 사람은 허풍이 센 사람이다.

그러나 입을 다물고 있는 사람은 가장 지혜롭고 착한 사람이다. 보답을 바라거나 남들로부터 비난받기를 원하지 않으면 자기가 한 일에 대해 공치사를 하지 말라. 그리고 남들이 자기를 칭찬하도록 만들지도 말아야 한다.

톨스토이

Desire

#욕망

욕망은 만족이 없다

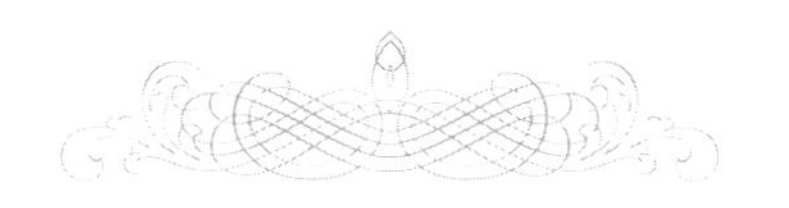

지혜롭지 못한 자의 정욕은 나팔꽃 덩굴처럼 끝없이 자란다. 그래서 그는 열매를 찾아 숲 속을 뛰어 다니는 원숭이처럼 무의미한 짓을 반복할 뿐이다.
그토록 값싼 정욕에 사로잡힌 자의 주위에는 나팔꽃 덩굴처럼 고뇌가 휘감겨 있게 마련이다. 이 세상에서 거센 정욕을 극복해낸 사람들에게는 연꽃잎에 빗방울이 구르듯 모든 고뇌가 굴러 떨어질 것이다.

붓다

사람들은 자기 부정을 자유의 파괴라고 생각하지만 그 반대다. 자기 부정만이 우리를 욕망의 노예로부터 해방시키고 참된 자유를 준다. 우리의 욕망은 난폭한 폭군과 같아서 자유와 모든 이성을 마비시킨다.

페누론

남에게 무엇인가를 보장받고 싶어 하는 마음은 타조가 죽을 때 머리를 감추는 행위와 같다. 우리의 탐욕스러운 마음은 타조가 몸을 모두 숨기지 않고 머리만 감추는 것보다 더 익살스럽다. 우리들은 각자의 삶을 회의적으로 바라보면서 미래의 생활은 보장받으려고 한다.

톨스토이

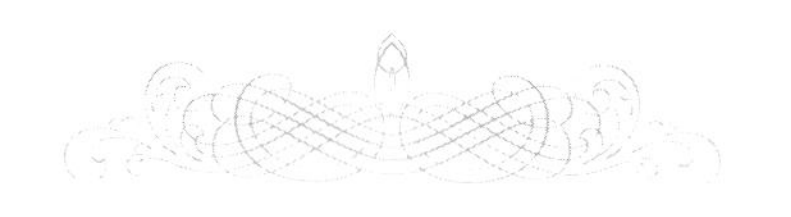

우리를 가장 억세게 사로잡는 것은 음란한 욕망이다. 그 욕망의 사전에는 결코 만족이라는 말이 없다. 또 만족하면 할수록 욕망은 더욱 커진다.
하지만 욕망으로 고통받는 것은 참으로 어리석은 일이다. 모든 착한 행위는 평화 속에서 싹트기 때문이다. 자기의 욕망이 강하다는 것을 뽐내는 사람들이 많지만 욕망을 이겨내는 힘을 가졌다고 자랑하는 사람은 적다.
과거에는 아주 크고 중요하다고 여겼던 욕망들이 지금은 별것 아닌 것처럼 생각되는 경우가 있다. 지금 당신이 갈망하고 있는 것들도 분명히 앞으로 시시하게 느껴질 것이다.
욕망은 만족시키려고 애쓸수록 당신은 아주 많은 것을 잃게 된다. 현재도 미래도 그것은 마찬가지다. 욕망을 훌훌 털어버려라. 그것보다 가치 있는 일은 없다.

톨스토이

자기애는 육체적인 한계를 느꼈을 때 나타나며, 극에 달한 자신의 생활을 유지시키기 위해서 필요하다. 모든 것의 한계를 없애는 이성이 모든 육체적인 욕심을 억누를 때 자기애가 나쁘다는 것을 알게 될 것이다.

톨스토이

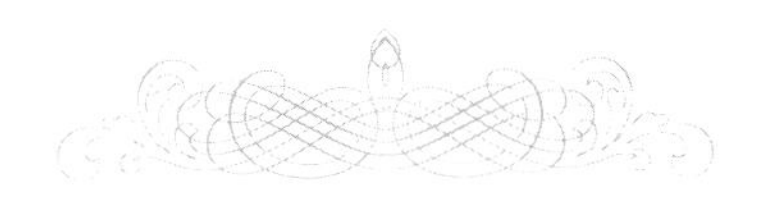

자신의 생활이 공허하다고 느끼는 사람들은 만족을 얻고자 여러 곳을 헤맨다. 그러나 그들은 자신을 끌고 다니는 욕망의 공허함을 전혀 알지 못한다.

파스칼

권력은 약한 자를 괴롭히기 위한 것이 아니라 그들을 일으켜주고 도와주기 위해 필요한 것이다.

존 러스킨

사람은 자신과의 싸움에서 이길 때만 남을 비난하지 않는다. 다른 사람을 비난하는 일은 자기 자신과 상대방에게 모두 해로운 것이며 어떠한 경우라도 해서는 안 된다.

톨스토이

폭풍이 거친 파도를 만들듯이, 욕심과 불안과 공포와 번뇌는 인간의 본성을 자극시켜서 혼란스럽게 만든다.

톨스토이

다른 사람을 미워하지 않고 미움 없는 세상에 살 수 있다면 얼마나 행복할까. 이 탐욕스러운 세상에서 욕심을 부리지 않고 살 수 있다면 얼마나 행복할까.

톨스토이

우리는 탐욕스러운 세상에서 살고 있더라도 탐욕으로부터 해방되어야 한다. 그 무엇도 자기의 것이라고 주장하지 않으며 살아가는 것은 신의 빛에 가득 찬 삶이라고 말할 수 있다.

붓다

그대 자신을 안내하는 빛이 되라. 자기 스스로에 대한 신뢰를 잃지 말고 자기 자신의 빛을 높이 들어라. 결코 다른 사람에게서 문제의 해결책이나 피난처를 구할 필요가 없다.

붓다

자기 자신을 이 세상에서 가장 높은 자리에 올리려는 사람은 눈먼 장님과 같다. 그것 하나만으로도 그의 삶은 모두 허위이며 정의와 진리에 어긋난다고 말할 수 있다. 대부분의 사람들이 높은 자리에 앉으려는 욕망을 가지고 있기 때문에 자신을 가장 높은 자리로 올리는 것은 사실상 불가능한 일이다.

파스칼

강렬한 정욕만으로 이루어진 성관계는 늘 죄악과 고뇌의 근원이 되어 왔다. 그런 욕구만으로 시작된 남녀의 동거 생활은 참된 결혼이 될 수가 없다.
결혼은 수천 마디의 달콤한 사랑의 말과 굳은 약속만으로 보장되는 것이 아니다.
남편과 아내라는 말은 육체적인 결합을 의미하는 것이 아니라 도덕적 · 정신적 결합을 표현한 말이다.

톨스토이

이익을 탐내는 욕망이 모두 마음을 해치는 것은 아니고, 어리석은 고집이야말로 마음을 갉아먹는 벌레인 것이다.

채근담

인간의 영혼은 그 내면에서 빛을 발하고 있는 투명한 몸이다. 그 빛은 영혼 자체에 대하여 모든 광명과 진리의 원천이 되며 세상을 비춰준다. 외부 세계에 대한 생각이 그 빛의 미끄러운 표면을 어지럽게 하고 어둡게 해서 빛이 손상되는 것이다.

마르쿠스 아우렐리우스

현세의 성공을 얻으려는 사람은 단 하루도 편안하게 잠을 잘 수 없다. 그는 성공을 위해서라면 아첨과 야비한 행위를 가리지 않고 끊임없이 마음을 괴롭힌다. 깨어있을 때나 잠이 들 때나 그의 상념은 오로지 성공뿐이다.
자신을 괴롭히면서까지 성공한 그가 얻을 수 있는 것은 무엇인가. 그는 자기를 추종하는 사람과 자기를 두려워하는 사람들을 얻을 수 있을 것이며, 권력이라는 이름으로 그들을 원하는대로 지휘할 수 있을 것이다. 하지만 그는 자신의 내면을 돌보지 않은 탓에 모든 번뇌의 노예가 되어 잠시도 마음의 평화를 누릴 수 없을 것이다.

에픽테토스

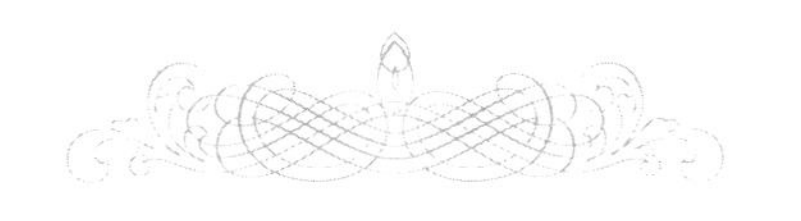

무엇이든 새로운 욕망은 새로운 결핍의 시작이며 새로운 파멸의 시작이다.

볼테르

정욕이 당신을 지배할 때 결코 그것이 정신세계를 이루고 있다고 생각하지 말라. 정욕은 일시적으로 정신의 참된 성질을 덮는 구름과 같기 때문이다.
만약 정욕이 자신을 지배하기 시작했다는 것이 느껴지면 마음속에 있는 신성을 불러내서 정욕과 싸워라.

톨스토이

줄기에서 베어낸 가지는 이미 그 나무와 헤어진 것이다. 이웃과 불화한 사람은 이미 인류로부터 떨어져 나간 것이다. 나뭇가지는 낯선 사람의 손에 의해 베어지지만, 인간은 증오심이나 사악함에 의해 스스로 이웃과 헤어진다.
그러나 많은 사람들은 자신이 불화로 인해 인류와 떨어져 있다는 것을 모른다. 그러나 모든 인간을 형제로 여겨 세상에 불러낸 신은 그런 불화 후에도 서로가 친화할 수 있는 자유를 주고 있다.

마르쿠스 아우렐리우스

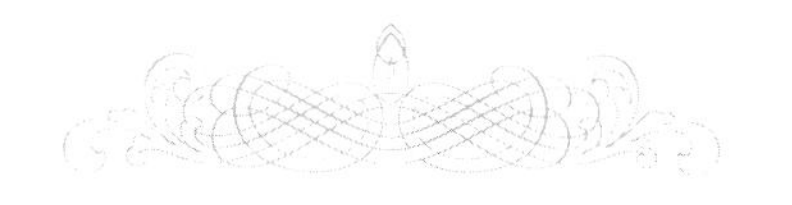

많은 사람들이 자신이 오랫동안 제자로 있어야 하는 데도 선생이 되고 싶어하는 약점을 가지고 있다.

동양의 성언

자기의 이념은 손님처럼 대하고 자기의 욕망은 자식처럼 취급하라.

중국의 속담

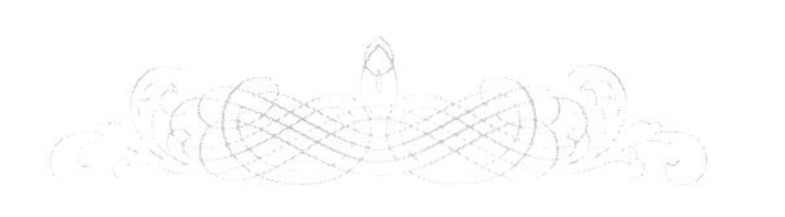

인간은 의지에 따라 모든 정욕을 극복할 수 있도록 창조된 존재이다. 때때로 사람들은 자신이 정욕에 압도당해서 참을 수가 없으며, 그것은 본능이므로 극복할 수 없는 것이라는 증거를 내세우기도 한다. 그러나 정욕은 단지 한 순간의 불길에 지나지 않는다.
말이 멈추지 않는다고 마부는 말고삐를 놓아서는 안 된다. 오히려 말고삐를 더욱 단단히 잡아서 말을 멈추게 해야 한다. 자기 절제를 위한 정신적인 고삐도 이와 같다.
한 번의 실수를 빌미로 고삐를 집어던져서는 안 된다. 가능한 정욕을 가라앉혀라. 절제는 손쉽게 얻어질 수 있는 것이 아니라 시간과 노력이 필요하다.

톨스토이

정욕은 처음에 거미줄처럼 가늘지만 나중에는 굵은 그물로 변한다. 정욕은 처음에는 낯선 손님처럼 보이지만 나중에는 마침내 그 집의 주인이 되고 만다.

탈무드

Wealth

#재산

재물로 인한 기쁨은 헛되다

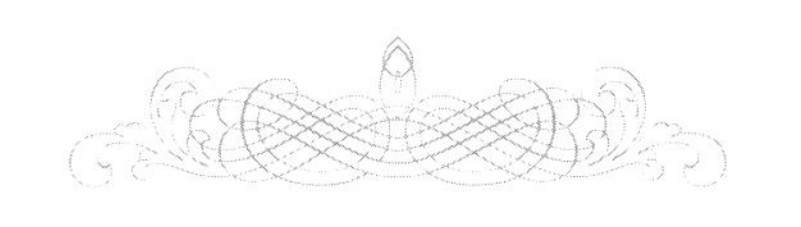

왜 인간에게는 재물이 필요한가? 재물에만 마음이 쏠려 있는 사람은 사색할 만한 능력이 없다. 우리는 스스로를 생각할 수 있는 고독의 시간을 가져야 한다.
홀로 조용한 카페나 공원에서 사색에 잠겨 자신의 내면과 대화를 해보라. 그러면 그 어떤 부자보다도 마음의 풍요로움을 느끼게 될 것이다.

에머슨

정신적인 생활을 하는 사람들에게 재물은 장애물이다. 재물은 참된 생활을 하는데 방해가 되기 때문이다.

톨스토이

부자의 터무니없는 사치는 큰 재난을 초래한다. 부자는 약탈하는 자이며, 약탈에 대한 보상은 생각조차 하지 않는다. 예수는 언제나 가난한 자의 편에서 부자를 훈계했다. 예수는 남의 재물을 빼앗는 것보다는 차라리 빼앗기는 편이 낫다고 말했다. 만약 어떤 나라에서 예수의 가르침이 실현된다면 그곳에는 부자도 가난한 자도 모두 없을 것이다.

헨리 조지

사람들은 자기의 두뇌나 마음의 평화보다는 재산을 늘리기 위해 더욱 신경을 쓰고 있다. 그러나 행복은 재산이나 멋진 집과 같은 우리 외부의 물질에 있는 것이 아니라 우리 내부, 즉 마음의 평화에 있다.

쇼펜하우어

물질에 대한 욕심은 무섭다. 그것은 우리들의 눈과 마음을 멀게 한 후, 양심과 우정에 대해서는 전혀 생각하지 못하게 한다. 욕심은 만족의 성취감을 미끼로 우리를 노예로 만들어 버린다.

조로아스터

재산이 노동의 결과물이라는 것은 사실이다. 그러나 누구는 일을 죽도록 해도 가난하고, 누구는 일도 하지 않고 부자가 되기도 한다. 부자의 만족은 가난한 사람들의 눈물 속에서 얻어진 것이라는 사실은 누구나 아는 상식이다. 이것을 현명한 사람은 '노동의 부당한 분배' 라고 말한다. 그러나 착한 일을 하고 그 보답을 요구하는 것은 참뜻을 훼손시키는 일이다.

톨스토이

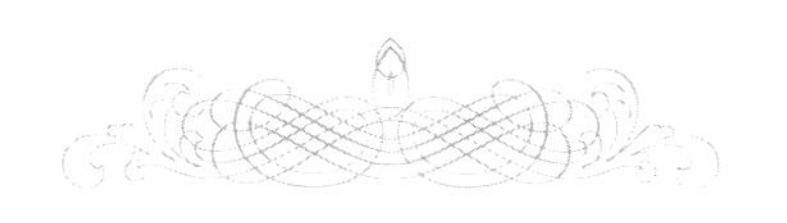

대부분의 사람들은 돈이 많으면 많을수록 좋다고 생각하고 돈을 모으기 위해 많은 시간을 투자한다. 그러나 부자가 되었을 때 잃게 되는 것들을 모두 알게 된다면 부자가 되기 위한 노력이나 꿈을 꾸지 않을 것이다.

톨스토이

땅은 자연이 인간에게 준 가장 큰 선물이다. 땅 위에 태어난 모든 인간은 땅을 공유할 권리를 갖고 있다. 이처럼 공유의 권리는 아기들이 어머니의 젖을 먹을 권리처럼 자연적인 것이다.

마르몽텔

땅은 사고 팔 수 있는 대상이 될 수 없다. 그것은 마치 인간의 개성을 사고 팔 수 없는 이치와 같다. 땅을 사고 파는 것은 보이지 않는 개성을 매매하는 것과 같다.
그러므로 땅을 사고 파는 것은 죄악이다. 오늘날 사람들은 이 세상에서 자기에게 진정으로 좋은 일을 목표로 삼고 노력하지 않는다. 오직 많은 것을 자기 소유로 만들기 위해 노력할 뿐이다.

톨스토이

재산은 거름과도 같아서 가만히 두면 썩어서 악취를 풍긴다. 그러나 그것을 뿌리면 땅을 기름지게 만든다.

톨스토이

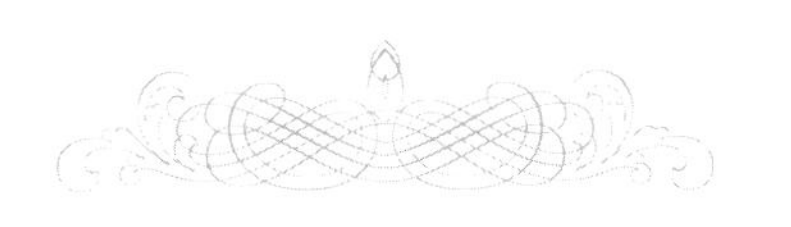

폭식은 큰 죄악 중의 하나다. 대부분 사람들은 많이 먹는 것이 왜 죄가 되느냐고 묻는다. 그 이유는 주변에 많이 먹는 사람들이 너무 많아서 죄가 아니라고 여기기 때문이다. 하느님은 사람에게 먹을 것을 보내지만, 악마는 사람에게 요리사를 보낸다.

소크라테스는 사치를 쉽게 물리친 사람이었다. 물론 음식 사치를 물리치는 것은 보통 사람에게 아주 어려운 일이다. 소크라테스는 자신을 본받지 못하는 자, 식욕의 유혹을 견디지 못하는 자들에게 계속 설득을 했다.

소크라테스는 육체와 두뇌, 그리고 정신에는 폭식보다 해로운 것은 없다고 생각했다. 오디세이아에 나오는 마녀 키케로가 인간을 돼지로 만들고 있을 때 율리시즈가 파멸을 막을 수 있는 방법을 알았다면, 식욕의 향락을 용서하지 않은 머큐리의 양심과 절제의 방식을 쓰는 일이었다.

입을 조심하라. 병은 입으로 들어간다. 당신이 조금 더 먹고 싶은 생각이 드는 순간 식탁에서 벌떡 일어나라. 사람들은 음식에 대한 무절제쯤은 죄악이라고 생각하지 않는다. 그 이유는 폭식은 남에게 해를 끼치는 일이 아니기 때문이다. 그러나 폭식은 인간의 존엄성을 훼손시켜 돼지로 전락시키는 죄악이다.

톨스토이

Work and Labor

#일과 노동

일이 보수보다 더 중요하다

일이 먼저이고 보수는 그 다음이다. 먼저 일도 하지 않고 일한 대가를 따지는 사람은 어리석다. 우선 일을 하고 대가를 나중에 따져야만 당신은 창조주인 하느님의 주인이 될 수가 있다.
만일 당신이 일보다 보수를 더 중요시한다면, 당신은 돈의 노예가 아니고 무엇인가.

존 러스킨

일은 모든 인간에게 중요하다. 일이 사람에게 혜택을 주기 때문이다. 따라서 아이들에게 아무것도 가르치지 않는 사람은 아이들에게 약탈을 가르치는 것과 같다.

탈무드

일을 하는 모습을 보면 그 사람의 열성과 공손함을 동시에 알 수 있다. 공손한 사람은 작은 일에도 몸과 마음으로 정성을 다하지만, 그렇지 않은 사람은 일을 시작하기도 전에 다 끝낸 것처럼 행동한다.

중국의 속담

노동은 자본보다 먼저 독자적으로 존재한다. 자본은 노동의 결실에 불과하다.

링컨

노동은 경제적인 부분은 물론이고 정신적인 생활을 위해서 꼭 필요하다. 만약 로빈슨 크루소가 일하지 않았더라면 얼어 죽거나 굶어죽었을 것이다.

톨스토이

일하지 않는 사람에게 땅이 이렇게 말할 것이다.
"멀쩡한 당신이 일을 하지 않는다면 당신은 영원히 거지들과 함께 남의 집 문앞에 서서 영원히 부자들이 흘린 찌꺼기를 주워 먹어야 할 것이다."

조로아스터

일에 대한 자신의 육체적 요구에서 해방될 수는 없다. 만일 사람이 꼭 필요한 일을 자각하면서 최선을 다해 일하지 않으면 그 사람은 결국 어리석은 일들을 하게 될 것이다.
유럽인들은 중국인들에게 산업혁명으로 생산량이 크게 늘었다고 자랑했다. 즉 기계 공업은 인간을 일의 노예에서 해방시켰다는 뜻이다.
그러나 중국인들은 이렇게 말했다.
"노동은 행복이다. 노동에서 해방되는 것이야말로 가장 큰 불행이다."

톨스토이

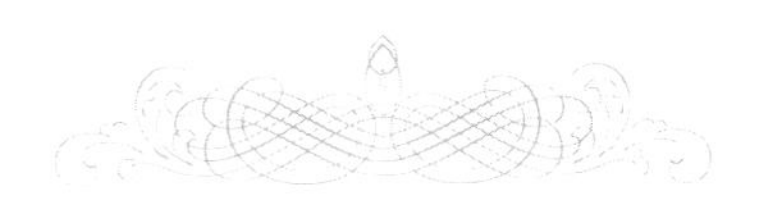

짐승들은 힘을 쓰지 않고는 먹이를 구할 수 없다. 사람 역시 예외가 아니다. 만족과 기쁨을 얻을 수 있도록 힘을 써라. 그리고 그 힘은 남을 위해 쓰는 사람이야말로 가장 좋은 사용법을 아는 사람이다.
자기가 맡은 일에 최선을 다하는 것은 우리들 인생에서 피할 수 없는 조건이다. 자신이 일을 할수록 타인의 요구로부터 자유로울 수가 있으며, 자기가 필요한 것을 남에게 요구할 수도 있다.

톨스토이

인간이 문명을 통해서 얻는 것을 진화라고 말한다. 그러나 얻는 것에는 항상 상실이 뒤따른다. 예컨대 사회는 새로운 발명에 의해 풍요로워지지만, 반면에 우리는 인간성을 잃어가고 있다. 우리는 문명을 통해 마차를 얻은 대신 다리가 약해졌다.
시계를 얻는 대신 태양을 보고 시간을 아는 방법을 잊게 되었다. 달력으로 계절을 알게 되면서 하늘의 별을 식별하고 춘분이나 추분을 알 수 있는 방법을 잃었다. 지혜로운 사람은 쓸모 없는 것을 버리고 자신에게 필요한 것만 취하는 사람이다.

에머슨

성자는 언제나 자신의 처지를 만족하기 때문에 애써 자신의 환경이나 처지를 바꾸려고 하지 않는다. 자신이 아무리 노력을 해도 안 되는 일에 불평 불만하거나 화를 내는 것은 어리석다.

톨스토이

일을 하는 것은 세상을 알아가는 기쁨이다. 노동의 대가로 받는 돈은 일의 보람을 느끼게 하지만 재산이 많든 적든 놀고먹는 사람은 그 보람을 느낄 수 없다.
호미나 삽으로 밭을 일굴 때 우리는 생각하는 기쁨과 넘치는 듯한 건강을 느낀다. 만약 그 일을 다른 사람에게 맡겼다면 노동의 참 행복을 느끼지 못했을 것이다.
노동은 건강과 경제생활과 정신적인 만족이라는 세 가지의 선물을 안겨주며 그 자체가 교육이 된다.
나는 정원사나 농부와 요리사를 보면 부끄러운 마음이 생긴다. 그들은 다른 사람의 힘을 빌리지 않고도 생활할 수 있는 능력이 있으며, 또 스스로 만족하기 때문이다. 하지만 나는 그들에게 일을 맡김으로써 내 육체를 쓰는 권리와 교육의 기회를 버렸다.

에머슨

위대한 일은 뚜렷하게 눈에 드러나지 않고 단순하고 조용하게 이루어진다. 번개가 치고 소나기가 오는데 농사를 짓고, 집 지을 터전을 닦고, 가축을 돌볼 생각을 할 수 있겠는가. 그래서 큰일은 늘 단순하고 조심스럽게 이루어진다.

톨스토이

비굴하게 아첨하느니 차라리 죽는 것이 낫다. 부유한 다른 사람 곁에 붙어서 사치롭게 사는 것보다 가난하고 떳떳하게 사는 편이 낫다. 부자의 문 앞에서 구걸하거나 애걸하지 않고 사는 것이 진정 훌륭한 삶이다.

두 형제가 있었다. 형은 왕을 섬기며 살고 있었고, 아우는 손수 벌어서 살았다. 부자인 형이 가난뱅이 아우에게 말했다.

"너는 왜 왕을 섬기지 않느냐? 그렇게 살면 아무리 열심히 일해도 가난에서 벗어날 수가 없다."

아우가 대답했다.

"왜 형은 천한 노예생활에서 벗어나지 못 합니까. 성자가 말씀하시기를, 금띠를 두르고 노예가 되느니 스스로 일해서 가난한 빵을 먹는 것이 마음이 편한 것이라고 했습니다. 자신이 노예라는 표시로 두 손을 가슴 위에 깍지 끼고 사느니보다 흙을 나르며 손을 쓰는 편이 좋습니다."

사디

노동 중에서 가장 큰 기쁨은 농사를 짓는 일이다.

톨스토이

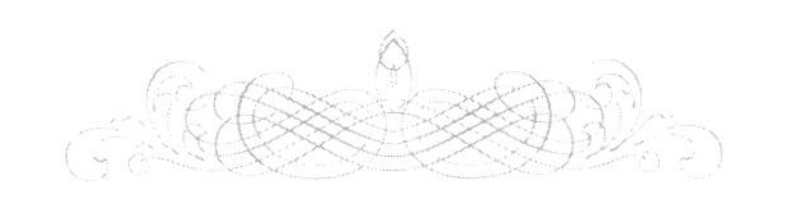

일하면서 사는 사람보다 게으르게 사는 사람을 존경하는 사람은 없다. 당신이 일을 싫어한다면, 그것은 당신이 타락해 있거나 폭력을 휘둘러 남의 주머니를 갈취하거나 둘 중의 하나다.
만일 일을 해야만 하는 원칙이 정해졌다면, 그 원칙에서 벗어나는 방법은 죄를 저질러 보거나 폭력 앞에 아첨하고 굴복해보는 길밖에 없다.

톨스토이

당신은 도자기공이 불가마 속에서 일하는 것을 보면서 어떤 예언자보다 더 존경스럽다는 것을 느껴본 일이 있는가? 더러운 진흙이 아름다운 접시로 변하는 것을 보라.
그대는 도자기공은 아니지만 스스로 불가마가 없는 도자기공으로 여겨라. 게으르고 일을 싫어하는 사람에게는 어떤 운명도 이루어지지 않는다.

칼라일

영혼을 편하게 하려면 피로해질 때까지 일하라. 그러나 무리는 하지 마라. 영혼이 편안한 상태는 항상 태만에 의해 파괴되는 법이다. 그러나 때로는 과로에 의해 파괴되기도 한다.

톨스토이

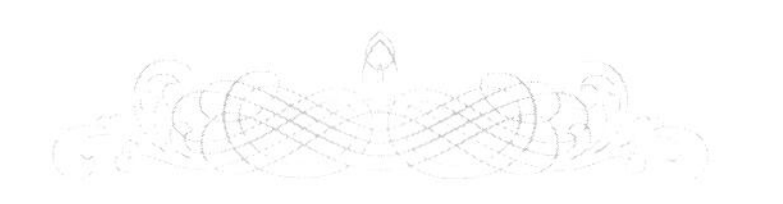

자신의 신념과는 별로 관계없는 일이라면 지금까지 사람들이 해오던 습관에 순응하는 것이 좋다. 특히 자기 신념에 위배된다고 해서 이웃에게 폐를 끼치는 일을 해서는 안 된다. 그런 일은 스스로의 마음에 우상을 키우는 일이다. 마음의 우상을 깨뜨려야만 한다.

수피

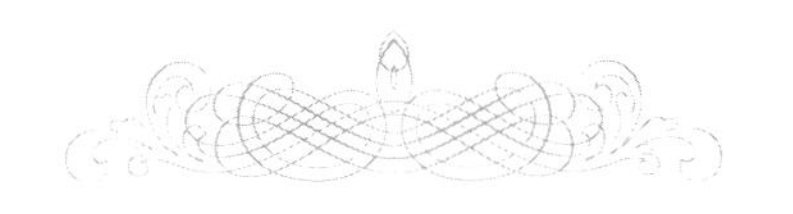

'하루의 정직한 노동에 대한 하루의 공정한 임금'은 인간의 영원한 권리다.

칼라일

노동은 중요한 행복의 조건이다. 노동은 자신에게 자유를 주며 동시에 식욕과 단잠을 준다. 육체노동은 인간의 신성한 의무이자 행복의 필수조건이다. 그러나 육체노동자가 아닌 정신적인 노동자는 태어나면서 그런 일을 하도록 의무를 가진 사람들이다.
두뇌나 정서, 감정의 노동은 특수한 노동이다. 그것은 오직 그와 같은 일을 하도록 태어난 자들만의 의무이며 행복이다.

몽테뉴

Time

#시간

지금이 가장 중요한 시간이다

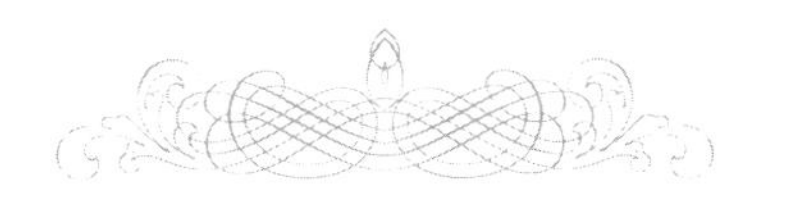

“시간은 흘러간다”라고 당신은 항상 불확실한 기억으로만 말했다. 시간은 멈추어 서 있는 것이다. 흘러가는 것은 그대 자신이다.

탈무드

지금 이 순간 바로 죽어도 여한이 없다고 여기면서 살아라. 당신 앞에 남아 있는 시간처럼 소중한 선물은 없다.

마르쿠스 아우렐리우스

우리 마음은 육체 속에 있다. 그리고 그 속에서 시간이나 크기 따위를 깨닫는 것이다. 그것을 우리는 자연이라고 말하고 혹은 필연이라고 부르고 있다. 그 외에는 생각할 여지가 없다.

파스칼

시간이란 가장 큰 환상이다. 시간은 우리들이 그것을 통해 사상이나 생활을 이해하고 있는 내면적인 프리즘에 지나지 않는다. 그리고 그 시간 아래에서 우리들은 초시간적인 것, 즉 관념 속에 존재하고 있는 것들을 항상 보고 있는 것이다. 눈은 구체적인 것을 한꺼번에 볼 수가 없지만 구체적인 것은 이미 존재하고 있다.

아미엘

오늘은 우리의 미래이며, 지금 이 순간은 영원한 시간 속의 중심이다.

마티노

과거는 이미 존재하지 않고, 미래는 아직 다가오지 않았다. 현재는 이미 존재하지 않는 과거와, 아직 존재하지 않는 미래를 잇는 무한히 작은 한 점이다.
시간은 존재하지 않는다. 존재하고 있는 것은 오직 무한하게 작은 현재뿐이다. 그 현재 속에서 삶이 이루어지고 있다. 그러므로 인간은 오직 현재에만 모든 정신력을 기울여야 한다.

톨스토이

이 세상을 사는 동안 시간을 헛되이 보내지 말라. 인생의 목적을 달성해가는 것은 쉬운 일이 아니다. 그래서 우리는 이 지상에서 시간을 허비해서는 안 된다고 말하는 것이다. 시간의 낭비는 부도덕하다. 인생의 목적이 무엇이라고 단언할 수는 없지만 모든 사람마다 어떤 목적이 있어야 한다. 목적이 없는 인생은 무의미하며 그런 사람은 무신론자이다. 무신론자는 인생을 모순으로 여기고 인생 자체를 기만으로 여긴다.

주세페 마치니

어떤 사람이 성자에게 물었다.
"인생에서 가장 중요한 때는 언제이며, 가장 중요한 사람은 누구이며, 가장 중요한 일은 무엇입니까?"
"가장 중요한 시간은 현재이다. 그것은 지금 이 순간만이 우리가 스스로를 통제하고 고쳐나갈 수 있기 때문이다. 그리고 가장 중요한 사람은 지금 당신 앞에 있는 사람이다. 사람은 앞으로 어떤 사람과 관계를 맺을지 알 수 없기 때문에 현재 당신 앞에 있는 사람에게 충실해야 한다.
마지막으로 가장 중요한 일은 당신 앞에 있는 사람과 서로 사랑하는 일이다. 우리 인간은 서로 사랑하고 사랑받기 위해 태어났기 때문이다."
인생에 대한 가장 고귀한 생각은 평범한 일상 속에서 나타난다. 매순간 신을 생각하고 앞으로의 일을 기다리는 사람만이 마음의 평화와 행복한 가정과 안정된 생활을 보낼 수 있다.

톨스토이

Knowledge

#지식

지식은 양보다 질의 선택이 더 중요하다

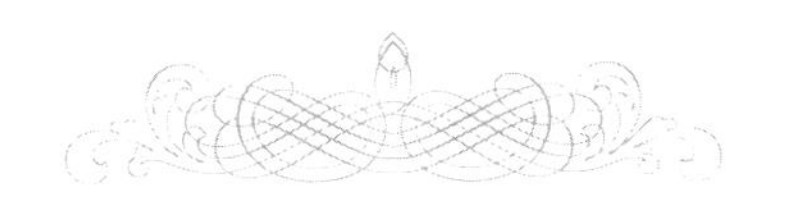

지식은 양보다 질의 선택이 더 중요하다. 비록 그 지식이 선하고 필요한 것일지라도 많은 것보다 적은 것이 더 좋다는 뜻이다. 육체의 독약은 맛이 쓰지만 정신의 독약은 매혹적일수록 사악하다.

톨스토이

당신의 서가에는 진기한 보물들이 감추어져 있다. 아마 수천 년 동안 세계에서 가장 잘난 사람들이 쓴 지혜들이 빼곡히 쌓여있을 것이다. 그것들은 책을 열고 읽지 않는 한, 꼭꼭 숨어서 그 모습을 드러내지 않는다. 혹시 당신이 그 지혜의 보물을 찾아냈다 해도 입맛에 맞지 않거나 낯설 수도 있을 것이다.
하지만 그것들은 가장 가까운 친구들에게조차도 털어놓지 않았던 깊고 높은 정신의 보물들이다. 당신의 서재 안에 명쾌한 언어로 저장되어 있는 그 보물들을 방치해두어서는 안 된다.

에머슨

나는 스승으로부터 많은 것을 배웠다. 그러나 친구들로부터 그 이상의 것들을 배웠고, 후배들로부터는 그 이상의 많은 것들을 배웠다.

탈무드

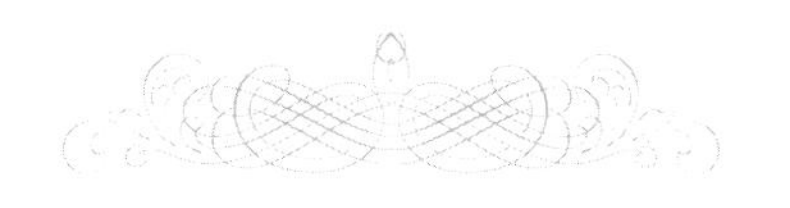

자비를 베푸는 사람만이 가장 잘 배운 사람이다.

인도의 성전

사고가 올바르지 않는 한, 의지도 바르지 못하다. 의지는 사고의 결과로서 나타나기 때문이다. 사랑은 모든 인생의 규범 위에 기초를 두고 정의의 관점에서 다루어질 때만 가장 착한 것이 된다.

세네카

지식에서 중요한 것은 지식습득의 양이 아니라 바른 평가이다. 어떠한 지식이 가장 중요한가? 그 다음은 어떠한 지식이 중요한가? 계속 의문을 가지고 추궁하여 깨닫는 것이 중요하다.

톨스토이

배운 것을 다른 사람에게 곧바로 가르치려고 하는 사람이 있다. 그들은 방금 먹은 음식을 뱉는 어리석은 자들이다. 어떠한 가르침이든 받아들인 후 완전한 자신의 것으로 만들어야 한다. 매번 가르침을 받는 즉시 밖으로 꺼낸다면 그는 어떠한 가르침도 받아들이지 못하는 소화불량증에 걸릴 것이다.

에픽테토스

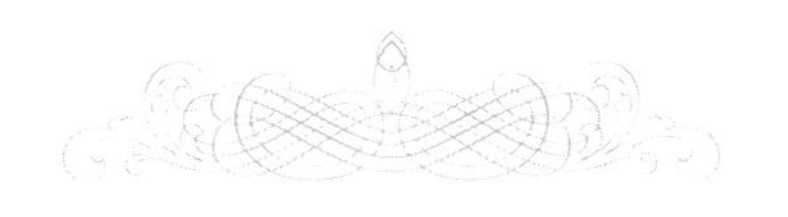

세 사람 모이면 그 중에는 반드시 두 사람의 스승이 있다. 한 스승으로부터는 옳은 것을 본 받고, 또 한 스승으로부터는 그릇된 것을 보면서 그것을 거울로 삼아야 하기 때문이다.

중국의 성언

학자라는 단어는 그가 많은 공부를 했다는 것을 의미할 뿐, 그가 참 지혜를 깨우쳤다는 것을 말하는 것은 아니다.

리첸버그

왼발에 박힌 가시를 뽑으려면 오른발에 힘을 주고 서서 뽑아야 한다. 하지만 가시를 뽑고 난 후 왼발은 오른발의 은혜를 모두 잊어버리고 관심조차 갖지 않을 것이다.
이와 같이 지식은 스스로 가치를 지니는 것이 아니라 우리들의 자아를 어둡게 하는 어리석음을 없애기 위해서 필요한 도구에 지나지 않는다.

바라문교의 성전

지식습득이 인생에서 가장 중요한 일이라고 생각하는 사람은 타죽을 지도 모르고 촛불 주위로 몰려드는 하루살이와도 같다.

톨스토이

무지는 반드시 악을 낳는 것이 아니다. 착오가 문제를 일으킨다. 사람들은 알고 실수를 저지르는 것이 아니라 어떤 것을 알고 있다는 착각으로 실수를 범하는 경우가 많다.

루소

지식은 유익한 것이다. 그러나 지식이 아닌 것을 지식으로 잘못 판단하는 경우가 자주 있다.
그래서 당신이 지식을 얻고자 할 때는 아무리 엄격한 기준을 정한다 해도 지나친 법은 없다. 훌륭한 지식에 해당하는 과학이 저지르는 가장 큰 잘못이 있다.
과학만으로는 세상의 이치를 알 수 없고, 종교가 아니고는 아무것도 배울 수 없다는 것을 알고 있음에도 불구하고, 과학자들은 단지 자기들이 연구하고 개발하는 것들이 너무 재미있다는 이유만으로 연구를 계속한다.
참된 지혜는 지식과는 전혀 관련이 없다. 우리는 지식만으로는 무한한 이 세상을 모두 알 수가 없으므로 많이 안다는 것이 지혜가 될 수 없다.
참된 지혜는 이 광대무변한 우주의 큰 질서 안에서 자기 자신이 어느 위치에 있는가를 깨닫는 것이다. 또 어떤 지식이 내게 가장 중요한 것인가를 구별할 수 있는 능력, 어떻게 하면 악을 피하고 선을 행할 수 있는가를 아는 것이다.
그런데 유감스럽게도 현대의 과학은 이런 것들이 중요한 가치라는 것을 인정하지 않고 있다.

톨스토이

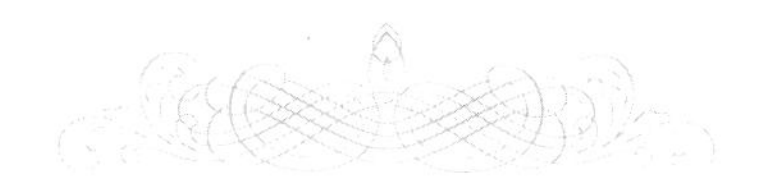

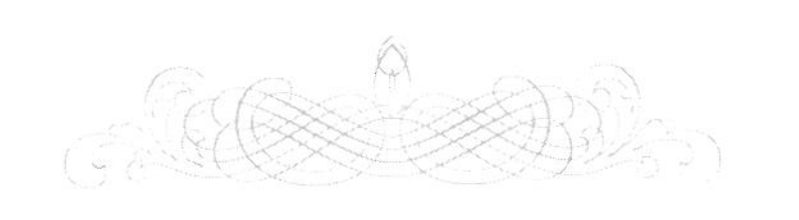

많은 지식을 알고 있는 사람은 잠자코 있지만, 조금 알고 있는 자는 수다스러운 법이다. 바보일수록 자기가 조금 알고 있는 것을 대단하게 떠벌린다. 적게 알수록 누군가에게 그것을 말하고 싶은 충동이 강한 법이다.
그것은 냄비에 물이 적을수록 끓을 때는 요란한 소리를 내는 이치와 같다. 그러나 진짜 많이 알고 있는 사람은 말하기가 얼마나 어려운지를 안다.
지금 수다스럽게 떠드는 것보다 더 많은 것을 더 오래 얘기해야 한다는 것을 알고 있기 때문에 조급하지 않는 것이다.

루소

Language

#말

말은 행위이다

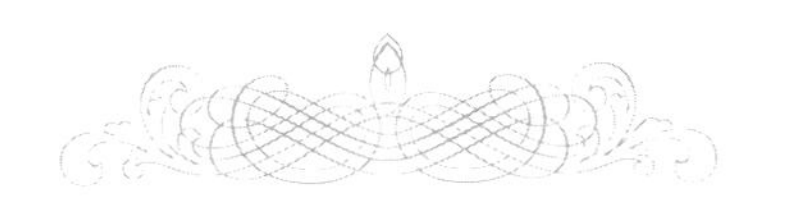

말은 한 사람의 생각을 옮기는 무기이다. 그러나 참되고 깊은 감정의 영역에서는 그 표현력이 너무도 약하다.

코시

아무리 사소한 허영이라도 남이 믿게 해서는 안 되며, 당신 스스로가 그 허영을 믿어도 소용이 없다. 다른 사람이 자기 거짓을 믿게 하기 위해서는 자신이 믿는 것보다도 훨씬 많은 자기 부정과 교양이 필요하다.

칸트

자기 자신이 느끼고 있지 않는 일을 입 밖에 내지 말고 거짓으로 당신의 마음을 어둡게 하지 말라.

톨스토이

성자는 말로써 사람을 판단하지 않는다. 자신보다 못한 사람의 말을 무시하지도 않는다.

중국의 성언

한 마디를 꺼내고 2초 정도 여유를 가진 후 다음 말을 하는 노인을 만난 적이 있다. 그는 말로 죄를 짓는 것이 두려워서 다음 말을 신중하게 생각한 후 꺼내는 것이었다.

톨스토이

누군가 어떤 사람에 대해 증오를 퍼붓고 있다면 그 일에 참견하기 전에 조심스럽게 그 이유를 물어보아야 한다. 마찬가지로 누군가 어떤 이를 칭찬한다면 그 이유를 알고 난 후에 이야기하는 것이 옳다.

공자

천을 자를 때는 열 번 자로 잰 다음에 재단을 하고, 친구의 단점을 이야기할 때는 그것에 대해 백 번을 생각한 후에 말하라.

톨스토이

말은 마음의 열쇠이다. 쓸데없는 말은 한 마디라도 하지 않는 것이 좋다. 여러 사람들과 함께 있을 때는 그 자리에 없는 다른 사람의 허물을 말하지 않도록 조심해야 한다. 그리고 혼자 있을 때 자신의 허물을 생각하라.

중국의 속담

누군가 자신을 모욕하거나 비방할 때 사태를 파악하기 전에 흥분하지 말라. 만약 변명을 해야 되는 상황이라면 흥분을 가라앉힌 상태에서 조리 있게 하라.

톨스토이

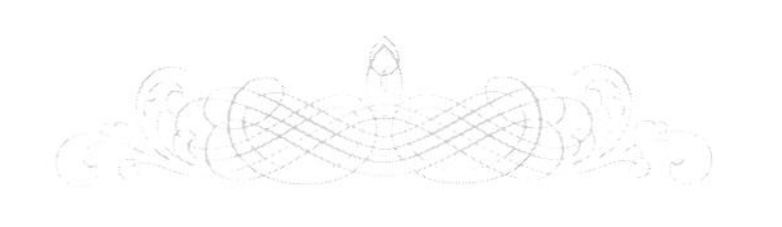

말로 하는 천 번의 참회는 침묵으로 하는 한 번의 참회보다 가치가 없다. 어리석다는 말을 듣지 않으려면 어리석은 사람의 말에 대꾸를 해서는 안 된다.
사람들은 침묵을 못 견디고 쓸데없는 말을 지껄이지만, 그 잡담이야말로 사람을 더욱 지루하게 만든다. 어떤 경우든 말이 적으면 적을수록 기쁨은 더욱 크게 느껴진다.

톨스토이

우리는 얘기할 때 남의 말을 주의 깊게 듣고 자기의 말은 가능한 적게 해야 한다. 그리고 묻지 않는 것은 먼저 대답할 필요가 없다.
상대방이 알고 싶어 할 것이라고 속단해서 미리 말하지 말라. 또 묻는 말에는 간결하게 대답해라. 그리고 모르는 것을 부끄러워할 필요가 없다.
서로 다투거나 뽐내지 말아야 한다. 비록 나에게 뽐낼 수 있는 자리가 주어진다 해도 그 지위를 탐내서는 안 된다. 그렇다고 지나치게 공손한 것도 오만하게 보일 수 있다. 다른 사람이나 자신에게 공손을 강요하면 결국 서로 마음의 상처를 받게 된다.

톨스토이

말은 생각한 다음에 하고 사람들이 듣기 싫어하기 전에 그만 두어야 한다. 인간이 언어를 가지고 있기 때문에 다른 동물보다 특별하지만 그 언어 때문에 커다란 손해를 본다.

페르시안의 지혜

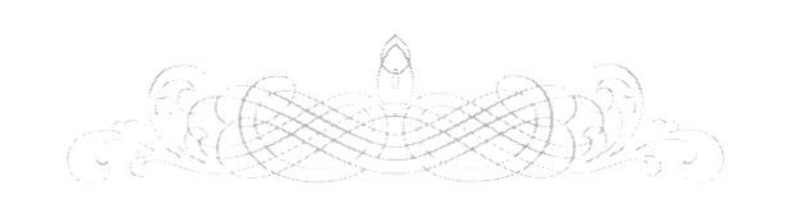

말이 많은 사람은 자신이 내뱉은 말의 반도 행동으로 옮기지 못하지만, 지혜로운 사람은 자신의 말에 책임을 지기 때문에 절대로 헛된 말을 꺼내지 않는다.

중국의 성언

모르면 잠자코 입을 다물고 있는 것이 최선의 방법이다. 그 이유를 알았다면 당신은 벌써 무식한 사람이 아니다.

사디

남에게는 관대하지만 자기 자신에게는 냉정하여 나쁜 일을 저지르지 않는 사람은 고귀하다. 만약 어떤 사람에 대하여 판단을 내려야할 때 비록 그가 나쁘다고 하더라도 악담을 하지 말아야 한다. 그를 직접 만나지 않고 다른 사람에게서 전해들었다면 특히 조심해야 한다.

톨스토이

참된 말은 즐거움을 주지 못하고, 달콤한 말에는 진실이 없다. 마음이 착한 사람은 말다툼을 피한다. 논쟁을 즐기는 사람은 이미 착한 사람이 아니다. 누가 자기와 얘기를 더 해보자고 나오면, 그는 이미 착한 사람이 아니라고 믿어도 된다.

노자

군자는 사람의 말만 듣고 그를 추천하지 않고, 사람만 보고 그의 말을 판단하지도 않는다.

공자

노예에서 왕에 이르기까지 아무에게도 경멸의 말을 던지지 마라. 하찮은 벌도 침을 가지고 있고, 또 그 침을 사용할 것이다.

프랭클린

선의로 말하고 행동하면 물체에 그림자가 따르듯 행운과 즐거움이 저절로 따라온다.

법구경

동물을 부러워해야 할 이유가 두 가지 있다. 하나는 미래의 불행을 모른다는 것이고, 또 하나는 사람들이 자기에 관해서 하는 말을 모른다는 것이다.

볼테르

말하고 싶은 욕구는 돈키호테의 가장 강한 충동이다. 혀가 움직이는 대로 말하지 않을 수가 없다.

세르반테스

누구와 만나서 오랫동안 얘기를 나눈 후에는 반드시 자기가 한 말들을 성찰해볼 필요가 있다. 조금 전에 주고받은 말들이 얼마나 하찮고 쓸데없는 말이었는지 새삼 놀랄 것이다.
당신이 누군가와 싸우고 난 후에 한마디의 말도 못한 것이 억울한 생각이 든다면, 다툴 때 말이 많고 심했던 것은 백 번이라도 더 후회해야 한다는 것을 알아야 한다.
누군가에게 무슨 말을 하기 전에 그 말을 할 가치가 있는지 없는지, 그리고 그 말이 누구를 해칠 수 있는지 없는지를 꼭 생각해라.

톨스토이

Reason and Virtue

#이성과 덕성

이성은 영원한 가치다

인간이 다른 생물과 다른 점은 이성을 갖고 있는 것이다. 어떤 사람은 이성의 성장을 위해 노력하지만 대다수의 사람들은 이성을 소홀히 여긴다. 그들은 이성이 자기 자신을 가축보다 더 가치를 높여주는 데도 멀리하고 있다.

동양의 성언

이성을 따르는 사람은 많은 사람들이 똑같이 누리는 행복을 얻는다. 비록 행복에 이르는 길이 힘들어도 그것을 찾아낼 수는 있다.
비록 그 길은 어렵고 힘들어서 찾는 사람이 적지만 불가능한 일은 아니다. 만일 구원에 이르는 길이 쉽다면 누가 그 길을 찾아가지 않겠는가.

스피노자

사람에게는 이성이 있기 때문에 그 힘으로 타인의 결점을 알 수 있다. 그것은 사실이다.
그러나 마땅히 그대 자신에 대해서도 그것을 적용시켜서 이성의 힘으로, 이웃이 자신의 허물을 보게 만들어야 한다. 그로 인해 우리는 양심을 깨우치고, 자신이 장님이 되거나 오만을 품는 일이 사라지게 된다.

마르쿠스 아우렐리우스

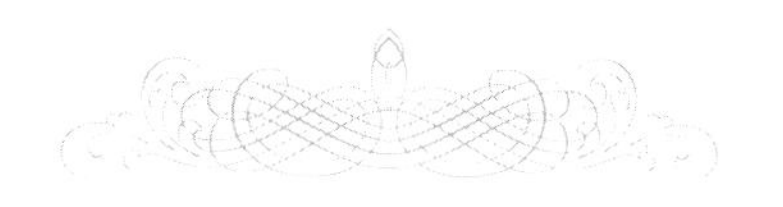

태양은 빛을 온누리 구석구석까지 고르게 비추면서 멈추지 않는다. 당신의 이성의 빛도 그와 같아야 한다. 이성의 빛은 아무리 넓은 곳에 쏟아 부어도 메마른 일이 없을 것이며 어려운 일을 만나더라도 초조하지 않고 화내지 않고 조용히 비친다.
그리고 메마르거나 지치는 법도 없다. 그 빛을 따르면 그 안에 쌓이지만 그 빛을 외면하는 자는 그늘 속에 남을 것이다.

마르쿠스 아우렐리우스

만약 인간에게 이성이 없다면 인간은 인생의 참뜻을 이해할 수 없을 것이다. 인생의 의미를 이해할 수 없는 한, 선과 악을 구별할 수 없으며 참된 행복을 찾을 수도 없다.

톨스토이

대부분의 사람은 눈이 있지만 이성이 있는 자는 거의 없다.

처칠

인간의 덕성은 하루하루의 행실에 의해 만들어진다.

파스칼

성인이 지닌 덕은 전 세계를 여행하거나 히말라야와 같은 높은 산을 오르는 일을 떠오르게 한다. 세계일주도 첫 걸음에서 시작되고, 높은 산에 오르는 것도 산기슭에서 시작되는 것처럼 덕도 끊임없는 노력으로 얻을 수 있다.

공자

이 세상에 존재하는 모든 것들은 아름답다. 그러나 이 세상에서 가장 아름다운 것은 높은 덕성을 가진 여성이다.

마호메트

모든 것은 그 자체 속에 포함하고 있으면서 하늘과 땅에 앞서 존재하는 것이 있다. 그것을 우리는 이성이라고 부른다. 이성은 조용하며 형태가 없다. 만약 이름을 붙여야 한다면, 나는 그것을 도달할 수 없는 위대한 그리고 무한한 보편적 존재라고 부를 것이다.

노자

덕성이 높은 사람은 말로 표현할 수 없는 특별한 감정을 매순간 느낀다. 그는 아무리 힘들고 어려운 상황이 닥쳐도 좌절하거나 슬퍼하지 않고 자신이 무한에 속하고 있으며 완성을 위해서 태어났다는 것을 잃지 않는다.

에머슨

사색과 생활과 사회 그리고 수행에 있어서 나는 결코 이성을 잃은 일이 없다.

붓다

덕성이 높은 인간이 되기 위한 가장 빠르고 확실한 방법은 스스로 수양을 쌓는 일이다. 덕이 높은 사람들은 모두 스스로 노력에 의하여 위대해진 것이다.

소크라테스

이성은 모든 인간 속에 똑같이 있다. 사람들의 사귐과 상호관계는 이성 위에 기초를 두고 있다. 그것은 인간만이 유일하게 지니고 있는 의무 같은 것이다. 이성은 모든 사람의 공통된 재산이다.
이성이 결정한 것은 바꿀 수가 없다. 우리들은 이성을 통해서만이 모든 것을 알 수 있다.
그러므로 이성에 따를 필요가 없다고 하는 자들의 말을 듣지 말라. 그런 말을 하는 자들은 단 하나의 등불마저 꺼버리라고 권하고, 우리들을 암흑 속으로 끌어들이려고 하는 자들과 마찬가지다.

톨스토이

덕성을 얻기 위해서는 먼저 자기를 완성시켜야 한다. 겸손하고 바른 생활을 하되 다른 사람의 칭찬을 받기 위해서가 아니라, 진정한 기쁨을 느끼기 위한 것이어야 한다.
자신의 말을 스스로의 선으로 덮어 감추는 사람은 구름 사이에서 비추는 달처럼 이 세상을 비춘다. 지상의 모든 것을 소유하기보다도, 하늘나라로 들어가기보다도, 세상을 지배하는 것보다도, 성자에게 한 걸음 가까이 갔다는 것이 더욱 기쁠 것이다.

불경

나는 생각한다. 그러므로 나는 존재한다. 그리고 무엇보다 사람은 총명하게 생각해야 한다. 먼저 자기가 사는 목적을 알아야 한다. 그리고 자기의 영혼과 신에 대해서도 관심을 가져야 한다.
하지만 속된 인간들은 무슨 생각을 하고 사는 것일까. 그들은 자기에게 유리한 것들만 생각한다. 그들이 추는 춤, 부르는 노래와 듣는 음악 등 생각하는 것들이 비슷하다. 그들은 집과 돈과 권력에 관심이 깊다.
물론 부자나 왕자의 삶을 부러워한다. 그러나 자신의 인격과 관련되는 생각은 조금도 하지 않는다.

파스칼

인생은 정신적인 탄생과 삶을 의미한다. 짐승은 인간 이하의 존재이다. 인간의 육체는 정신적인 것으로 변해야 하고 생리적인 사상은 양심, 의지, 정의, 관용으로 바뀌어야 한다.
마치 초가 빛과 열로 바뀌는 것처럼 고귀한 연금술은 우리들의 지상에 있는 존재를 정당화시킨다. 그 속에 우리들의 사명이 있고 인간의 존엄성이 있는 것이다.

아미엘

이성과 덕성은 항상 일치한다. 스스로의 어리석음을 깨닫고 있는 바보는 성자와 같다. 그러나 스스로를 지혜 높은 자라고 생각하는 사람은 정말 바보다. 바보가 성자같이 산다면 숟가락이 입맛을 모르는 것처럼 진리를 알 수 없을 것이다.

톨스토이

자연의 가장 큰 변화는 눈에 띄지 않게 이루어진다. 자연은 끊임없이 서서히 성장 변화하는 것이지, 어느날 갑자기 돌발적으로 변하는 법은 없다. 정신생활도 그와 똑같다.

마티노

Justice and Truth

#정의와 진리

정의로운 진리는 단순하다

다른 사람 때문에 괴로움이나 비난을 당하고 있더라도 너무 슬퍼하거나 걱정해서는 안 된다. 진정으로 불행한 것은 불의를 행하고 있는 사람이기 때문이다.
이 세상에는 절대적인 정의란 있을 수 없다. 자기 자신을 완성된 존재로 생각하지 말고 완성되어 가고 있는 존재로 생각해야 한다. 그것만이 정의에 어긋나는 죄를 범하지 않는 유일한 수단이다.

톨스토이

인의를 몸소 실천하고 백성을 사랑하며 정의를 세우는 것이 왕도인 반면, 거짓 인의를 내세우고 권모술수로 사리사욕을 채우는 것은 패도다.

이이

가장 강한 자는 자기 힘을 정의로, 남들의 복종을 의무로 전환시키지 않는 한, 항상 지배자로 군림할 만큼 강한 것은 결코 아니다.

루소

정의가 없는 나라는 아무리 큰 나라도 망하고, 선한 의지가 없는 사람은 아무리 용감해도 몸을 상하고 만다.

회남자

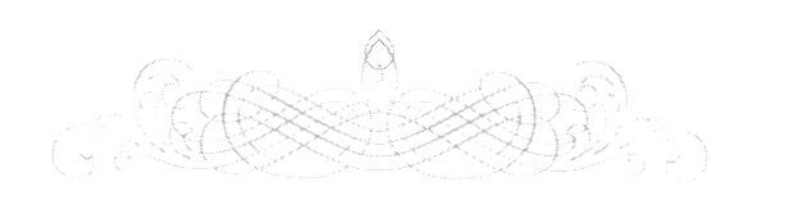

무익한 일에 힘쓰는 자는 어둠 속에서는 보이지만 밝은 빛 속에서는 보이지 않는 올빼미와도 같다. 그들의 지식은 과학적이며 이론적인 부분에서는 매우 날카롭지만 진리 앞에서는 아무런 힘도 발휘하지 못한다.

피타쿠스

정의와 거리가 먼 지식은 지식이라기보다는 차라리 교활한 술책이라고 불러야 한다.

플라톤

과녁을 맞추려면 먼 곳을 겨누어야 하듯 참된 정의를 얻기 위해서는 자기 부정이 필요하다. 만약 자기 혼자 바르게 살기를 원한다면 자신에게는 공평치 못하게 되고 남에게는 정의롭지 못하게 될 것이다.

톨스토이

사물을 바라보는 방법이 일정할 때 인간은 지식을 얻을 수 있다. 지식을 얻으면 의지는 진리를 추구하게 되며, 진리를 얻으면 마음이 선량해진다.

공자

유익하고, 선하고, 위대한 것은 단순하다. 선행과 모범을 찾는 사람은 민중 속에서 그것을 구하면 된다. 민중 속에서만 진실과 뽐내지 않는 위대함을 찾아 볼 수 있기 때문이다.
순수하고 무지한 사람들은 예수의 가르침을 명확하고 쉽게 받아들였지만 교양 있고 학식 있는 사람들은 지식을 버리지 못하고 머뭇거렸던 것을 보면 알 수 있다.

톨스토이

신념을 지키며 이성이 열어주는 길을 걸어가라. 사람들의 반응을 기다리지 말고 진리의 소리가 적으면 적을수록 더욱 힘차게 자기의 소리를 높여야 한다. 진리는 착오와 편견이나 공포보다는 강한 것이다.
진리는 한정된 장소나 시간 속에 나타나는 것이 아니다. 진리는 불변하고 영원한 것이며 또 국가와 인종과 언어의 벽을 뛰어넘으며 신과도 같은 힘을 가지고 있다.

챠닝

진리는 악을 저지르고 있는 자들에게만 해롭다고 생각된다. 선을 행하고 있는 사람은 반드시 진리를 사랑하는 사람이다.

톨스토이

인간은 스스로의 뜻에 어긋난 진실을 미워하기 시작하면서 그 진실을 파괴하려고 한다. 그러다가 그게 안 되면 자신은 물론 남에게도 그 진리를 깨뜨리려고 애쓴다. 그렇게 함으로써 인간은 자기 허물을 남과 자신에게 감추려고 하는 것이다.

톨스토이

모든 착오는 해를 끼친다. 왜냐하면 해독 없는 착오란 있을 수 없기 때문이다. 더구나 아름답고 신성한 착오란 있을 수 없다. 오직 진리만이 안전하고 확실하며 의지할 수 있다. 진리 속에 참된 위안이 있다. 오직 진리만이 금강석이다. 인간을 허위에서 구하는 것은 무엇을 떼어내는 것이 아니라 주는 것을 뜻한다. 허위를 허위로 아는 것이 진리이다. 착오는 항상 해독을 가져오며, 심지어는 그 착오를 지지하는 자에게도 해독을 가져온다.

쇼펜하우어

사람들은 악을 행하고 있기 때문에 빛보다 어둠을 좋아한다. 남을 해치거나 나쁜 일을 하는 사람은 빛을 가까이 하지 않는다. 자기 안에 있는 악이 사라지는 것이 두렵기 때문이다. 그러나 진리를 실천하는 사람들은 빛을 좋아한다. 그들은 신과 하나이기 때문이다.

성경

이 세상에 물처럼 유순한 것은 없다. 그러나 물은 바위와 강철도 뚫을 수 있다. 많은 사람들이 약한 자가 강한 자를 이긴다는 사실을 알고 있으면서도 그것을 실천하려고 하지 않는다.

노자

자기가 원하는 대로 살아갈 수 있는 사람을 자유인이라고 한다. 지혜로운 사람은 자신이 얻을 수 있는 것만을 원하기 때문에 항상 자유롭다. 그 누구도 죄짓는 일을 원하지 않으며 착각과 부정 속에서 사는 것을 원하지 않는다. 일부러 슬프고 괴로운 생활을 선택하거나 불결하고 혐오스러운 사랑을 찾아서 좋아할 사람은 없다.

현재 고통스러운 삶을 사는 사람도 자기가 원해서 그런 생활을 보내고 있는 것이 아니다. 그들은 슬픔과 고통을 바라지 않았으며, 끊임없이 괴로움과 두려움 속에 떨면서 하루하루를 살아갈 뿐이다.

디오게네스는 페르시아 왕에게 이런 편지를 썼다.

"언제라도 죽을 준비가 되어 있는 사람만이 진정한 자유인입니다. 당신의 막강한 힘과 권력을 이용해서 자유인을 노예로 만들 수는 없습니다. 그것은 물고기에게 헤엄치지 말라고 명하는 것과 같습니다.

설사 당신이 그를 감옥에 가두었다 하더라도 그는 당신의 노예가 아니며, 그가 만약 자살을 한다면 그를 가둬둔 사실은 아무런 소용이 없습니다."

이 말은 진정한 자유인만이 할 수 있는 말이다. 디오게네스는 참된 자유가 어디에 있는지, 또 무엇에서 비롯되는지 알고 있었다.

에픽테토스

자유는 자유를 찾아다닐 때 얻어지는 것이 아니라 진리를 구할 때 찾아오는 것이다. 자유는 목적이 아니라 결과이기 때문이다. 자유는 오로지 자기 자신에 의해서만 얻을 수 있다. 제아무리 뛰어나고 지혜로운 성인이라도 다른 사람에게 자유를 줄 수는 없다.

톨스토이

#선과 악

악은 선으로 맞서라

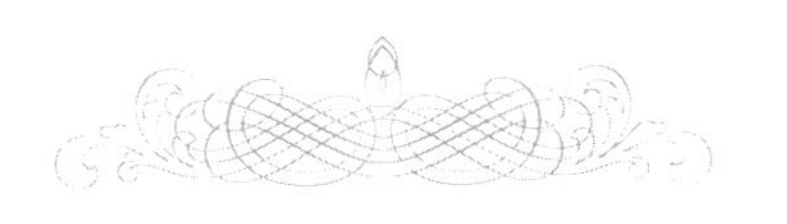

악은 선으로 맞서라. 그래야 악인들이 악한 행위를 통해서 얻고자 하는 이득과 만족을 파괴해 버릴 수 있을 것이다. 악을 선으로 갚아주는 기쁨을 단 한 번이라도 겪어본 사람은 그 기쁨의 기회를 결코 놓치려고 하지 않을 것이다. 악을 선으로 대하는 사람은 악을 악으로 대하는 사람보다 더 믿음직스럽고 슬기로운 일이다.

톨스토이

말로만 선하게 살라고 강조하는 것은 아무런 소용이 없다. 선행을 실천하는 모습을 보여주는 것이야말로 진정한 교육이다.

세네카

참되게 살려거든 허식을 버려라. 그런 사람은 선에만 치우치지 말고 참된 선이 무엇이며 그것이 어디에 있든 찾아야 한다. 스스로 마음에서 우러나와서 탐구하는 것만큼 신성하고 좋은 열매는 없다. 무엇보다 먼저 허식을 버린 후에 문제를 스스로 해결하라.

에머슨

모든 것에 저항할 수 있지만 선에는 저항할 수 없다.

루소

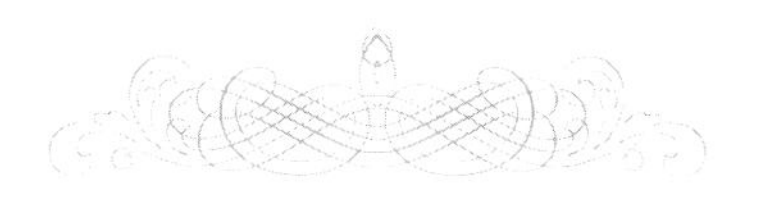

행복이 사람을 선하게 만드는 경우보다 선이 사람을 행복하게 만드는 경우가 반드시 더 많지는 않다.

W.S. 랜더

선을 행하지 않는 자는 그 누구도 선을 이해할 수 없다. 선은 자신의 희생을 치르고 행할 때만 참된 뜻을 깨닫게 되고 사랑의 참 모습도 느끼게 된다. 그리고 선을 행하지 않는 한, 아무도 선에서 평안을 찾을 수 없다.

톨스토이

눈에는 눈, 이에는 이로써 대응하라는 말이 있지만 악한 자에게는 악으로 대응해서는 안 된다. 누가 오른 뺨을 치거든 왼쪽마저 대주어야 한다.

성경

지혜와 선이 악인에게는 나쁘게 보인다.

셰익스피어

무한한 선은 자신에게 오는 것은 무엇이든지 받아들일 만큼 그 품이 넓다.

단테

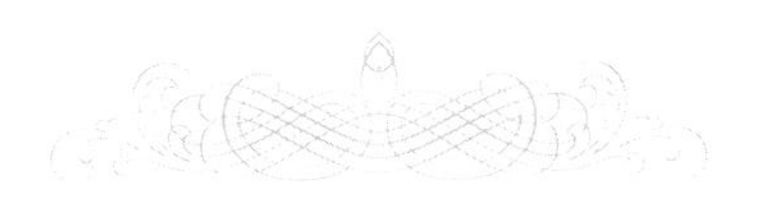

악을 비난하지 말고 선을 키우는 일이 더 중요하다. 신경질적인 사람들은 악을 유난히 비난하지만 그 자체가 가장 큰 악이다. 악을 잊고 선에만 마음을 쏟으면 악은 소멸된다.

루시 말로리

횃불이 태양에서는 빛을 잃듯이 아무리 뛰어난 천재가 창조한 아름다움도 선을 뛰어넘을 수 없다.

쇼펜하우어

나쁜 사건이나 고통스러운 일이 생길 때 그것을 긍정적으로 고치려고 노력해야 한다. 고통을 기쁨으로, 모욕을 용서로 바꾸는 것은 가장 의미 있는 연금술이다. 모든 부정적인 것을 긍정적으로 돌리는 습관을 가져야 한다. 그래서 선행이 칭찬할 만한 것이 아니라 사람이라면 누구나 할 수 있는 당연한 일로 느껴지게끔 바뀌어야 한다.

아미엘

명예도 원하지 않고, 자기 선행이 남에게 알려지지 않아도 그것을 섭섭히 여기지 않는 자야말로 덕망이 높은 사람이다.

중국의 성언

남에게 피해를 주지 않고 권력을 얻을 때만 정의로울 수 있다. 만약 이유 없이 자기를 미워하는 사람들에게 괴로움을 준다 해도 슬픔은 사라지지 않는다.
악을 행한 자에 대한 벌은 스스로의 행위에 대한 수치심과 괴로움이다.

인도의 성전

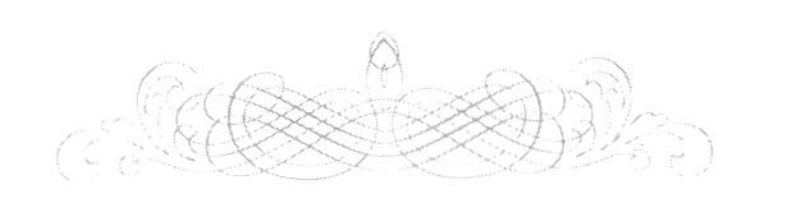

허약한 욕망이 덕지덕지 붙은 옷을 입은 그림자를 보라. 그 속에는 힘이 없다. 스스로 방위할 능력조차 없는 허약한 육체는 언제 갈기갈기 흩어져 버릴지 모른다.
육체 속에 있는 생명은 죽음으로 이동하고 두개골은 가을에 딴 늙은 호박과도 같이 쓸모없어진다. 뼈와 살, 피 덕분에 육체는 그 형체를 유지하고 있다.
그러나 육체 속에는 늙음이 깃들어 있고 죽음이 자리 잡고 있다. 거기에 오만과 불손함이 자리 잡고 있다면 왕의 화려한 부귀영화도 부서질 때가 온다.
늙음은 육체를 파멸로 이끌지만 오직 선의 가르침은 늙지 않는다. 그러므로 우리는 참되고 선한 가르침을 실천하면서 살아야 한다.

붓다

수염이 없는 키스는 소금 없는 달걀과 같다고 한다. 나는 악이 없는 선이라고 덧붙이고 싶다.

사르트르

우아함과 조화는 선과 미덕을 닮은 자매들이다.

플라톤

나는 사람의 본성이란 선한 것이지 결코 악한 것이 아니라는 것을 알고 있다. 다른 사람들도 그렇다. 따라서 다른 사람이 속으로 무슨 생각을 하는지 몰라도 항상 그가 선하다고 생각하고 있는 편이 낫다.

어느 누구도 남의 마음속을 들여다보지 못하는 한, 남을 자기 기준으로 판단하는 것은 잘못이다. 우리가 아주 쉽게 저지르는 실수 중의 하나가 그 사람은 착하다거나 악한 사람이라거나 또는 어리석다고 하거나 영리하다고 단정 짓는 일이다.

인간의 마음은 강처럼 흘러 끝없이 변하면서 여러 골을 따라 흐르고 있다. 따라서 사람에게는 아주 많은 가능성이 열려 있다. 어리석은 사람이 영리해질 수 있고, 악인도 선한 사람이 될 수 있으며, 그 반대도 가능해진다. 인간이 위대하다는 것은 바로 이 점 때문이다.

그런데 하물며 어떻게 우리가 그렇게 쉽게 인간을 판단할 수 있겠는가! 당신이 어떤 사람에게 어떤 판단을 내리는 순간, 그는 이미 변해 있을지도 모른다. 스스로 결점을 반성하는 사람은 남의 흠집을 찾고 있을 겨를이 없는 법이다.

톨스토이

사람들은 남의 도움 없이 살 수 없는 존재다. 물론 그 도움은 서로 주고받는 것이어야 한다. 그런데 어떤 사람은 남의 도움을 이용한다. 그런 사람들은 스스로의 인생을 파괴하고 있는 것이다.
우리가 지금 살고 있는 것은 선조들이 이루어 놓은 문명과 그 노력의 덕분이다. 때문에 우리는 후손들을 위해 베풀어야 할 의무가 있다.
나는 남에게 얼마나 주었으며 얼마나 얻었는가 일일이 계산해가면서 사는 사람은 없다. 그러나 남보다 더 많은 빚을 지지 않으려면 가능한 적게 얻고 많이 베풀어야 한다.

톨스토이

남에게 착한 일을 하는 자는 착한 사람이다. 만약 그가 착한 일을 하기 위하여 고민한다면 그는 더욱더 착한 사람이다. 만약 그가 착한 일을 해준 자 때문에 고민한다면 더욱더 착한 사람이다.
그리고 그가 더 착한 일을 하기 위해 이전보다 더 괴로워한다면 그 이상으로 착한 사람이다. 만약 착한 일을 하다가 죽었다면 그는 가장 위대한 영웅이다.

라 부류엘

인간은 선을 키워나가야 한다. 신은 인간 속에 완전하고 충분한 선을 심어두지 않았다. 사람들은 각자의 마음 안에 뿌려진 선의 씨앗을 키우고 열매를 맺을 수 있도록 노력해야 한다.

칸트

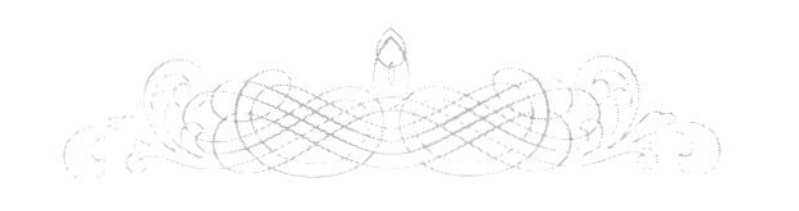

아름다운 식물은 척박한 땅과 바위틈에서도 싹을 돋는다. 선도 그와 같다. 선에는 어떤 무기도 대항할 수가 없으며 어떤 힘도 선과 진실 앞에 맞설 수 없다.

헨리 데이비드 소로

오후에 악심을 품은 사람은 밤이 되면 자신이 품은 악을 책임져야 한다.

인도의 성전

사람들이 결정하자마자 그들의 선은 그 사악함과 구별이 되지 않는다.

C. 도슨

하느님과 똑같이 선하거나 사랑하기를 바라는 것은 사람에게도 천사에게도 결코 죄가 아니다.

베이컨

선을 행함에는 노력이 필요하다. 그러나 악을 억제하려면 보다 더 노력이 필요하다.

톨스토이

남에게 모범이 되도록 노력하라. 자기 자신을 이겨낸 자는 다른 사람을 이겨낼 수 있다. 그러나 자기 자신과의 싸움에서 이기는 일이 가장 어렵다.
사람들은 오직 자신을 지배하기만 할뿐 이기려고 하지 않는다. 스스로 행하고 스스로 길러진 악은 다이아몬드가 돌을 베듯이 자신을 멸망시킨다. 자기가 저지른 악 때문에 스스로 괴로워하는 것이다.
스스로 악을 없애고 악으로부터 깨끗이 해야 한다. 그리고 모든 사람으로 하여금, 설사 그가 왕이라 해도 다른 사람에 대한 자신의 의무를 잊지 않도록 해야 한다.

불경

인간이 저지르는 물질적인 악은 그 사람에게 되돌아오지 않을지도 모른다. 그러나 악행을 저지르면서 생긴 악한 감정은 반드시 그 사람의 마음속에 흔적을 남기고, 언젠가는 그에게 괴로움으로 찾아올 것이다.

톨스토이

인간이 있는 곳에는 반드시 선을 행할 수 있는 기회가 있다.

세네카

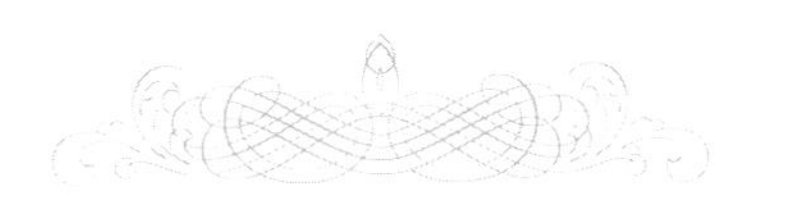

남의 악담에 좋은 말로 대답하고, 당신을 비방하는 자를 따뜻하게 도와주고, 한쪽 뺨을 맞으면 다름 뺨도 내밀라고 하는 것은 세상의 악을 없애기 위한 오직 유일한 방법이기 때문이다. 선은 모든 것을 이긴다. 그리고 어느 것도 선을 이길 수 없다.

톨스토이

성자는 사람들의 눈에 띄지 않도록 조심스럽게 선행을 행한다. 그 선행이 아무에게도 알려지지 않더라도 그는 결코 슬퍼하거나 서운하게 생각하지 않는다.

공자

여행하는 사람은 자신이 머무는 숙소를 더럽게 사용하고 기계를 함부로 파손시킨다. 그것도 모자라 여관집 주인에게 투덜거린다. 사람들은 자신의 행위는 돌아보지 않고 이 세상의 악에 대해 신을 탓한다.

톨스토이

선행은 사소한 것에서부터 시작된다. 목마른 자에게 물을 주고, 길을 묻는 자에게 길을 알려주고, 이웃에게 밝은 미소를 짓는 일처럼 선행은 작은 배려에서 나온다.

마호메트

어떤 악을 나와 상관없다고 생각하면서 대수롭지 않게 여겨서는 안 된다. 아주 적은 물방울이 모여 그릇을 가득 채우는 법이다. 조금씩 선을 쌓아가는 사람은 마침내 선으로 가득 찬 성자가 되는 것이다.

붓다

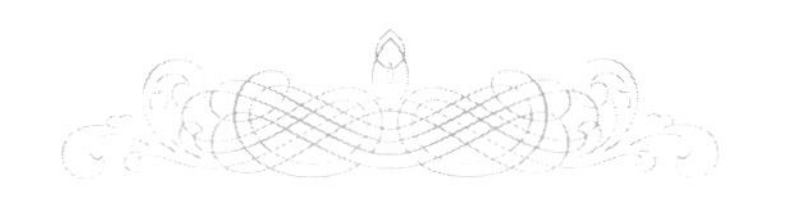

진정한 자비란 노력과 봉사로 병들고 소외된 자를 돕는 것이다. 부자는 자신의 모든 재산을 가난한 사람들에게 나누어줄 때 자비로운 사람이 될 수 있다.

톨스토이

사람의 마음을 살피는 데는 눈을 바라보는 것이 제일이다. 눈은 마음속의 악을 숨길 수 없다. 마음이 올바르면 눈이 맑고 올바르지 못하다면 눈이 어둡다.

맹자

지혜를 악용하면 불행해진다. 만약 우리의 지능이 악한 생각과 욕망과 손잡는다면 우리는 선과 악을 구분하지 못하고 참과 거짓을 구별할 능력마저 잃어버릴 것이다.

챠닝

우리 마음속에는 근원적인 악의 씨앗이 있기에 악이 존재하는 것이다. 그래서 악의 씨앗을 없애면 악도 사라지는 법이다. 마치 나무의 그루터기를 베어내면 가지들이 떨어지듯 말이다.

파스칼

인간은 대수롭지 않은 기억을 가지고 있다는 이유로 자신의 양심이 깨끗하다고 자랑스럽게 말한다.

조니자드 라페즈스키

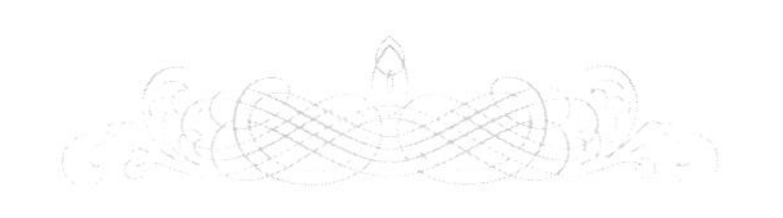

정신세계는 육체의 세계보다 훨씬 깊고 치밀하다. 모든 속임수는 바로 그 뒤에 더 많은 다른 속임수를 동반한다. 모든 잔혹성은 수많은 다른 잔혹성을 뒤따르게 한다. 모든 인간의 생활은 두 갈래로 구별된다.
하나는 자신의 양심에 따라 행동하는 일, 다른 하나는 행동하기 위해 자신의 양심을 감춰버리는 일이다.
전자에 도달하려면 오직 한 가지 방법밖에는 없다. 그것은 정신적인 교화이며 자신 안에 그 빛을 크게 하고, 보여주는 방향으로 나아가되 게을리 하지 않는 것이다.
후자처럼 자신의 양심을 숨기는 방법은 외부적인 것과 내부적인 방법 두 가지가 있다. 외부적인 방법은 그 양심을 내보이되 보는 쪽의 주의를 다른 곳으로 돌리는 것이며, 내부적인 방법은 양심 자체를 어둡게 만드는 것이다.
악이 어떻게 생겨났는지 그 자취를 더듬어 보라. 그 시초를 알려 주는 마음의 소리가 들릴 것이다. 그럼으로써 악은 보기 싫고 부끄러운 것이 될 것이다.

톨스토이

Agony

#고뇌

고뇌는 인간의 벗이다

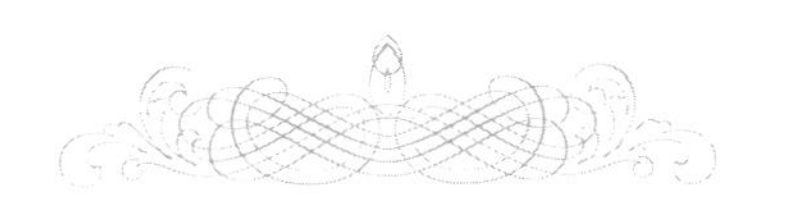

고뇌는 육체적, 정신적으로 인간의 성장에 필수 조건이다. 즉 고뇌는 성장의 표식인 셈이다. 고뇌가 없으면 성장도 없다. 그 이유는 고뇌 그 자체가 삶의 성장을 의미하고 있기 때문이다.
원인은 결과를 낳으며 결과는 그 원인이기도 하다. 정신적 생활도 시간이나 공간은 없는 것이다. 마음이 괴로울 때는 신 이외에 어느 누구에게 털어놓고 호소해서는 안 된다. 모든 괴로움은 자기 혼자 참고 견뎌야 한다.
그렇지 않으면 그 고뇌는 타인에게 전염되어 괴롭히게 된다. 대신 고뇌를 스스로 태우고 그 고뇌 속에서 조금씩 완성의 길로 접어드는 기회로 삼는다면, 당신의 마음에는 하나의 든든한 지주가 될 것이다.
고뇌 속에서 정신적 성장의 뜻을 찾아야 한다. 그러면 고뇌의 슬픔은 곧 사라지게 될 것이다.

톨스토이

질병과 몰락, 환멸과 파산, 친한 친구와의 이별, 이러한 것들은 처음에는 다시 찾을 수 없는 손실로 생각된다. 그러나 시간이 흐름에 따라 이런 손실 속에 숨겨져 있던 강한 회복력이 나타나기 시작할 것이다.

에머슨

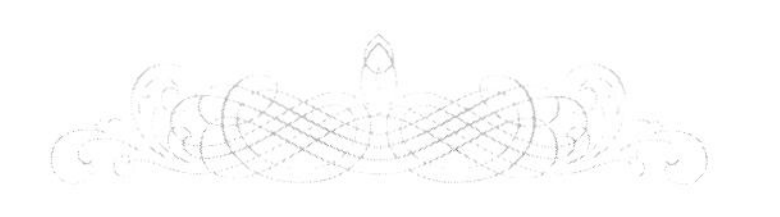

고뇌의 기쁨을 모르는 사람은 아직 참된 인생을 시작하지 못한 사람이다. 고뇌는 정신이 향상되어 가는 과정이다. 고뇌 없는 인생의 성장은 불가능하다. 인간은 고뇌를 통해서 불멸에 이른다. 만일 고뇌가 없다면 인간은 악하게 될 것이다. 그러므로 불행은 신의 사랑의 징표이다.

톨스토이

인생에 대한 진리의 문을 아는 것은 얼마나 큰 기쁨일까! 이 문을 열고 사람들은 근원적인 무의식의 세계에서 지적인 자의식의 세계로 나아가는 것이다. 전자의 세계에서는 고뇌는 고뇌이며 죽음은 죽음일 뿐이다.
그러나 지적 자의식의 세계에서는 고뇌와 죽음에 의해 비로소 인생은 행복하게 된다. 즉 다른 공통된 우주적인, 신에 의한 영원불멸의 인생이 나타나는 것이다.

토크토아부카

심판하지도 심판 받지도 말라. 심판하는 자는 심판을 받게 될 것이다. 자신이 남을 재던 잣대로 자신도 재단 받게 될 것이기 때문이다. 왜 형제의 눈 속에 든 작은 티끌은 보면서 자신의 눈에 든 대들보는 보지 못하는가?

성경

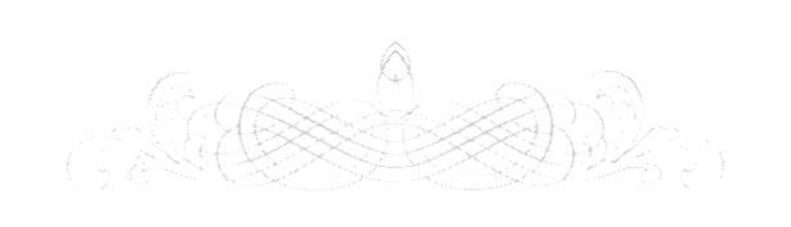

종교의 힘과 행복은 인간에게 자기 존재의 의의와 최종의 목적을 분명히 해주는 것에 있다. 그러나 오늘날 과학과 지식에 의해 정신적인 이론들이 모두 내팽개쳐진다면, 우리는 과연 무엇 때문에 이 세상에 태어났으며, 이 세상에서 무엇을 할 것인지를 알 수가 없다.

운명의 비밀은 모든 방면에서 힘겨운 문제를 가지고 우리를 둘러싸고 있다. 인생의 비극적이고 불합리한 것들에 고통을 느끼지 않으려면 생각을 하지 않으면 그만이다.

육체적인 고뇌, 도덕적인 악, 정신이나 감정의 고뇌, 부정한 자의 행복, 올바른 자의 타락, 이 모든 것은 만약 이 세계를 성립시키는 내면적인 질서를 이해하고, 그 안에 훌륭한 예언이 있음을 생각할 수 있다면 쉽게 견뎌낼 수 있는 것들이다.

믿는 자는 상처에도 기뻐한다. 그들에게는 적의 부정이나 폭력조차도 불쾌하지 않다. 그런 모든 것조차도 믿는 자의 희망을 결코 빼앗지 못하기 때문이다.

그러나 모든 신앙이 사라진 시대의 악과 고뇌는 그 의의를 잃고 단지 짓궂은 농담이나 희망 없는 캄캄한 동굴처럼 생각된다.

아나톨 프랑스

고통이 병을 치료할 수 있는 기회를 주는 것처럼, 고뇌는 우리가 태어나서 죽을 때까지 수정해야 할 부분을 지적해 주기 위해 꼭 필요한 것이다.

톨스토이

세상의 아름다움은 웃음이라는 칼날과 마음을 갈가리 찢는 고뇌라는 칼날이 있다.

버지니아 울프

어떤 사람이 자신을 비난하고 힘들게 만들었다 할지라도 그 또한 불쌍한 사람이라고 생각한다면, 그에 대한 분노는 곧 가라앉을 것이다. 노여움이 활활 타오르는 불꽃이라면 동정과 사랑의 마음은 굵은 비와 같다.
만약 분노의 감정을 조절하지 못하고 상대에게 복수를 했다면, 그 상대는 물론 분노를 품은 자신마저 정신적 · 육체적으로 엄청난 고통을 받게 될 것이다. 그는 고통을 받은 후에서야 뒤늦게 자신의 잘못을 뉘우치게 될 것이다.

쇼펜하우어

다른 사람에게 닥친 고통을 보며 자신의 고통을 인내하라. 고통이 없다면 우리는 성장할 수 없다. 고통과 슬픔을 경험한 후에 우리는 진리 하나를 얻는다.
만약 지금 당신에게 슬픔이 찾아왔다면 기쁘게 맞이하고 마음속으로 공부할 준비를 갖추어라. 그러면 슬픔은 어느새 기쁨으로 바뀌고 고통은 즐거움으로 바뀔 것이다.

톨스토이

자신의 육체를 진정한 자신이라고 생각하기 때문에 인간은 끊임없이 고뇌에 빠진다. 그러나 자기 자신이라고 말할 수 있는 본질은 육체가 아닌 신과 연결된 정신이다. 그러므로 육체에 집착하지 말고 정신적인 부분을 더욱 성장시켜야 한다. 육체의 오관으로 느껴지는 외부의 자극으로부터 마음이 흔들리지 않도록 정신과 육체를 조화시키면 마음의 평화를 얻고 신의 빛 속에 잠길 수 있게 된다.

마르쿠스 아우렐리우스

인간의 초라한 본성은 고뇌, 고통, 슬픔은 얼마든지 견디지만 기쁨은 견딜 능력이 빈약하다.

G. 뒤 모리에

절망의 울부짖음, 고뇌, 흐느끼게 만드는 슬픔은 일종의 재산이다.

생텍쥐페리

현대는 고뇌의 시대, 신경과민의 시대다.

L. 크로넨버거

Reflection

#성찰

자신을 알아가는 길

인간의 사명은 스스로의 영혼을 성찰하는 일이다. 영혼을 성찰하기 위해서는 매일 자신의 손바닥 위에 하루 동안에 있었던 생각과 행동을 올려놓고 반성한 후 수정해야 한다.

톨스토이

자신의 위치를 알게 될 때 마음은 일정한 상태를 유지하게 된다. 마음이 일정한 상태를 유지하면 모든 초조함은 없어지며 완전한 평온의 경지에 이른다. 그 경지에 이르면 세상의 모든 진리를 받아들일 수 있게 된다.

공자

많은 사람들이, 신은 알고 싶어 하면서 자신은 알려고 하지 않는다. 그러나 자기 안에 있는 선을 알고 그것을 키우면, 신은 저절로 알게 될 것이다. 신을 알 수 있는 방법은 오직 그것뿐이다.

루시 말로리

인간은 자기 자신에게서만 참된 사명을 이루는 힘을 찾을 수 있다. 그리고 스스로 인식하고 체험한 지식만이 의심할 여지가 없으며 가장 중요하다.

톨스토이

나는 밤낮을 가리지 않고 빛을 찾아서 이 땅을 헤맸다. 그리하여 마침내 나는 모든 진리를 보여주는 가르침을 들었다. 내가 찾아다니고 있던 그 빛은 나 자신 속에 있었다.

페르시안의 지혜

자신의 단점을 잘 알고 있는 사람만이 다른 사람의 단점에 대해서도 지혜롭게 대처할 수 있다.

톨스토이

죄인은 자신이 저지른 죄 때문에 괴로워한다. 그가 스스로 죄를 뉘우칠 때 괴로움과 불행은 씻겨진다.
그러나 스스로 참회하지 않으면 그 죄는 영원히 사라지지 않으며, 그 죄의 고통을 다른 사람이 대신 짊어질 수도 그를 구원해줄 수도 없다. 자신이 뿌린 죄의 씨앗은 자신이 거두어야 한다.

붓다

죄에 대한 부끄러운 기억을 어두운 곳에 감추려고 하지 말라. 당신이 친구의 죄를 보게 될 때, 그때 자신의 죄를 떠올리며 그를 이해하라.

톨스토이

인간은 육체와 감정을 자기의 것으로 생각하고 쉴 새 없이 슬픔에 잠긴다. 그러나 인간의 본질은 정신 속에 있다. 육체에 매달려서 자신을 괴롭히는 일은 어리석다.
인생의 모든 외면적인 수렁으로부터 정신을 지키고 조화를 이루는 사람은 평화로운 생활을 하게 될 것이다.

마르쿠스 아우렐리우스

그 누구도 자신의 단점을 수정할 수도 없고 습관을 바꿀 수도 없다. 오로지 자기 자신만이 자신을 지배할 수 있다. 살아 있는 동안 자신의 내면과 영혼을 성장시키는 것이 가장 중요하다.

에머슨

모든 인간은 홀로 죽는다. 인간은 고독할 때 진짜 자신을 만나며, 사물의 참모습과 생활의 모든 내면적인 것을 느낄 수 있다.

톨스토이

뚜렷하게 알지 못하는 것은 뚜렷하게 알도록 해야 하며 어려운 창작을 할 때는 크고 굳은 결심을 가져야 한다.

공자

자기완성을 위해 사는 사람은 오직 앞을 향해 달려간다. 그러나 과거의 업적만을 생각하는 사람은 제자리에 머물러 있을 뿐이다. 만족하지 못하는 사람은 봉사를 하면 만족을 느낄 수 있을 것이다. 인간은 불만을 느낄 때만 자기 수양에 눈을 뜬다.

톨스토이

인간의 가장 불완전한 능력은 자신에 관한 모든 것을 꿰뚫어보는 통찰력이 없다는 것이다. 우리는 다른 사람의 일은 물속을 들여다보듯 훤히 알지만 정작 자신의 일은 장님처럼 깜깜하다.

에드워드 브라운

우리는 각자의 인생에서 가장 중요한 문제를 생각할 때는 항상 고독하다. 다른 사람에게 자기의 생각이나 마음을 완전하게 전달하거나 이해시킬 수는 없다.
오로지 자기 자신만이 문제와 해결책을 알고 있다. 인생이라는 희곡에 있어서 가장 중요한 장면은 독백이며 신과 양심이 속삭이는 고요한 침묵의 시간이다.

아미엘

자신을 바르게 하는 것은 매우 힘든 일이다. 우리는 너무 오랫동안 죄악에 사로잡혀 있기 때문이다. 우리의 마음속에 악이 깊이 박혀 있으면 있을수록 악과의 대결은 어렵고 고통이 따른다.
이런 고통은 신이 우리에게 준 것이 아니라 우리가 스스로 만든 것이다. 악과의 싸움에서 이길 때 우리는 스스로 구원을 얻는다.

파스칼

도덕적인 생활을 하기 위해서는 끊임없는 노력이 필요하다. 육체적인 욕망은 통제하지 않으면 독버섯처럼 퍼져서 우리의 생활을 망가뜨리기 때문이다.

톨스토이

다른 사람은 항상 용서하고 자기 허물은 단호하게 용서하지 말라.

퍼블리우스 시러스

사람은 태어날 때부터 선한 존재이지만 자기 잘못을 인정하지 않고 자기만 옳다고 주장할 때 비로소 악인이 되는 것이다.
착한 사람은 자신의 허물은 인정하고 선행은 잊어버리는 사람이다. 악인은 그와 반대다. 자신을 용서하지 말라. 그래야 비로소 남을 용서할 수 있게 된다.
믿음이 강한 사람들은 늙어서 부끄럽지 않도록 젊은 시절을 보낼 것이며, 회개하는 사람들은 젊은 시절의 잘못을 속죄할 수 있는 노년기를 좋아할 것이다. 어느 경우나 "죄 없는 사람은 행복하리라"라고 말한다.

탈무드

사람은 양심에 가책을 느낄수록 다른 사람의 허물을 찾으려고 애쓰게 된다. 특히 다른 사람들 중에서 자기와 똑같은 사람을 찾아 위로를 받고 싶어한다. 후회는 오직 그 사람이 다시는 후회하지 않겠다고 결심을 할 때에만 진실한 법이다.
뉘우침은 자기의 죄와 약점을 모두 인정했다는 의미이며 선행을 위한 준비이다. 이 무궁한 세상에서 자신은 유한한 존재라는 생각, 그리고 자기가 해야 할 일들을 하지 못했다는 생각은, 인간이 살고 있는 한 느끼는 죄의식이 될 것이다.

톨스토이

자신의 말과 생각과 행위, 이 세 가지를 조심하고 주의하는 사람은 깨달음의 길에 한 걸음 내디딘 것이다.

붓다

힘이 필요하다면 혼자만의 시간을 갖는 것이 좋다.

헨리 데이비드 소로

삶의 본질은 육체가 아니라 우리의 양심 속에 있다.

톨스토이

인간의 자유 중에서 가장 작은 것은 선택의 자유이다. 힘이 들지만 가치가 높은 자유는 감정에 따를 것인지 아니면 감정을 억제할 것인지를 선택하는 것에 있다. 가장 곤란하면서 중요한 자유는 자기의 사상에 영향을 주는 일이다.

톨스토이

스스로 만족을 구하지 말고 만족을 찾아내는 마음을 가져야 한다. 당신의 두 손이 가득 차 있다 하더라도 마음은 자유롭다. 가장 보잘것없이 보이는 것도 당신에게 만족을 줄 수 있고, 당신이 듣는 모든 소리에서 흥미로움을 느낄 수 있다.
그러나 만약 당신이 만족을 인생의 목적으로 삼는다면 가장 행복한 상황에서도 웃음을 끌어낼 수 없다.

존 러스킨

공손하게 사는 것은 어렵다. 우리는 평소에도 다른 사람으로부터 멸시를 당하거나 천대받지 않을까 걱정을 하고 있기 때문이다. 우리는 실수나 야비한 행동을 들키지 않도록 노력하며, 심지어는 자기 자신에게도 감추려고 한다.
우리는 있는 그대로의 자신을 인정하려하지 않기 때문에 사람을 대할 때도 공손한 자세로 대하기가 어렵다. 그러나 공손하지 못하더라도 거만한 자세만은 피하고 나쁜 행동을 하지 않도록 노력해야 한다.
인생에서 가장 중요한 일은 자기완성이기 때문이다. 만약 남들 앞에서 자기 자신을 자랑할 수 있을 만큼 남들보다 우월하다고 생각한다면 어떻게 자기완성을 할 수 있을까?

톨스토이

대부분의 사람들은 인간의 가장 큰 행복이 자유라고 말한다. 만약 자유가 행복이라면 자유로운 인간은 불행할 수가 없다. 또 어떤 사람이 괴롭거나 불행하다면 그는 자유로운 사람이 아니라 누군가의 노예가 되었다는 것을 뜻한다.
자유로운 사람은 스스로 노예가 될 수 없지만 어떠한 이유에서든 다른 사람에게 아첨하거나 굴종한다면 그는 자신의 자유를 포기하는 노예이다. 자유인은 스스로 얻을 수 있는 것만을 얻으려고 한다. 아무런 방해 없이 얻을 수 있는 것이라고는 자기 자신밖에 없다.
만약 누군가가 자기 자신이 아니라 남의 것, 또는 다른 사람을 얻고자 한다면 그는 자유인이 아니며, 다른 사람을 지배하려는 자기 욕망의 노예가 되어 있는 것이다.

에픽테토스

다른 사람에게 예속되는 것만큼 비굴해지는 일은 없고, 존엄성이 손상되는 것만큼 괴로운 일은 없다. 존엄과 자유를 갖지 못하거든 차라리 죽는 것이 낫다.

키케로

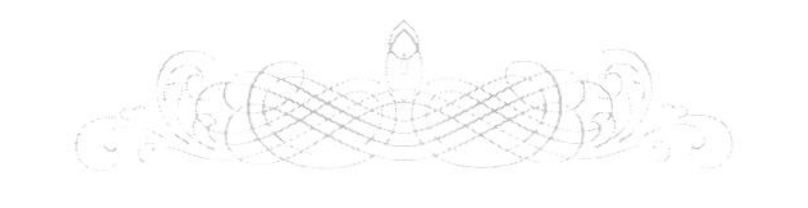

인간은 자유로워야 하지만 육체적이고 동물적인 생활을 하는 한 아무리 노력해도 자유로울 수가 없다.

톨스토이

우리는 끊임없이 반성해야 한다. 신이 우리를 장악하고 있으며 신이 우리들에게 정해준 법칙 역시 변하지 않기 때문이다. 신은 모든 사람들의 마음속에 들어가 우리를 꿰뚫어보고 있다.

중국의 성언

Soul

#영혼

영혼의 상실은 질병과도 같다

현대인들은 자신의 영혼을 잃었다는 사실조차 모르고 살아 가다가 뒤늦게 서야 그 사실을 깨닫고는 괴로워한다. 영혼의 상실은 질병과도 같아서 삶의 모든 것을 위협하고 있는 사회의 전반적인 문제가 된다.
인간은 사회 속으로 들어가려고 하지만 그 사회가 무서운 독을 가진 나무의 가지이고, 뿌리이며, 꽃이라는 것을 알게 된다. 영혼을 잃어버린 사람들에게는 종교도 신도 없다. 그저 자신이 썩지 않으려고 방부제를 찾고 있을 뿐이다. 그러나 몸이 썩는 문둥병은 더욱더 심각해진다.

칼라일

영혼은 당신에 관한 모든 것을 알고 있다. 어떤 일도 영혼을 놀라게 할 수는 없으며 그 어느 것도 영혼보다 위대할 수 없다. 영혼은 그 자체의 왕국 안에 살고 있으며 모든 공간보다 넓고 모든 시간보다 오래되었다.

에머슨

남자든 여자든 몸을 사고팔아서는 안 된다. 그와 똑같이 땅과 물과 공기도 사고 팔 수 없다. 그것들은 사람의 육체와 영혼이 살아가는데 필수적인 조건이므로 사고팔아서는 안 되는 것이다.

존 러스킨

열매가 크기 시작할 때 꽃이 떨어지듯이 사람의 마음속에 신의 의식이 생겨날 때 사람의 연약함은 사라진다. 몇 천 년 동안 어둠에 잠겨 있던 동굴에 한 줄기 빛이 스며들면 어느새 동굴 안은 환해진다.
우리의 영혼도 마찬가지다. 오랫동안 암흑처럼 어두웠던 우리의 영혼 속에서 신이 눈을 뜨면 우리도 밝아진다.

바라문교의 성전

사람들은 자신이 아무것도 보고 있지 않으면 남들도 보고 있지 않는다고 믿는다. 이것은 마치 어린아이들이 자신을 숨기기 위해 눈을 가리거나 감고 있는 것과 같다.

리첸베르크

정신이란 무엇이며 육체란 무엇인가에 대해서 사람들은 깊이 연구를 해왔다. 그러나 인간의 본질은 정신 속에 있다. 물론 정신은 육체의 우위에 있다.
따라서 육체로 하여금 정신을 압박하는 일이 없도록 하고, 자신의 삶을 육체적인 것에 머물러 있게 하지 말고,정신적인 것에 묶어두어야 한다. 그래야만 당신은 진실을 따라 평화로운 신의 나라에서 살 수가 있다.

마르쿠스 아우렐리우스

오직 인간의 영혼만이 어떤 요새보다 안전하다. 그런데 우리들은 오직 하나밖에 없는 안전지대를 파괴하려고 애쓰고 있다. 사람들은 영혼의 기쁨과는 거리가 먼 일에 힘을 쓰고 영혼에 평화를 주는 일에는 신경을 쓰지 않는다. 우리들의 양심만 깨끗하면 어느 것도 해칠 수 없다는 것을 잊고 있다. 그래서 싸우거나 적개심을 품어서 하찮은 가치에만 매달려 그것을 얻으려고 발버둥치는 어리석은 욕망을 낭비하고 있다.

에픽테토스

신은 모든 것을 보고 있지만 우리는 신을 볼 수 없다. 마찬가지로 정신은 눈에 보이지 않지만 모든 것을 보고 있다.

탈무드

스스로 정신을 맑게 하고 의심에서 벗어나면 그 사람은 하늘이 땅보다 가까이 있게 된다. 자기의 오관으로 얻은 정도의 지식으로는 그 물질을 잘 안다고 할 수가 없다. 모든 물질은 그 본질을 모르면 잘 안다고 할 수 없다. 사물의 참된 본질에 대한 이해없이는 정신도 이해가 불가능하다. 일단 그 길을 추구하는 자는 다시 되돌아오지 않는다.

인도의 성전

우리가 진정으로 배워야 할 것은 자신의 영혼이다. 영혼의 여러 가지 양상과 그 변화에 대해서 스스로 깨우쳐야 한다. 다른 모든 대상은 이것에 연결되는 가지에 불과하다. 그 밖의 모든 학문도 영혼이라는 큰 뿌리에 연결되는 나뭇가지에 불과하다.

아미엘

사람의 육체는 영혼과 별개의 존재가 아니다. 그것은 영혼의 일부로서 다섯 감각기관이 인식하는 것이다.

윌리엄 블레이크

옷을 여러 겹으로 껴입으면 동작이 굼떠진다. 이처럼 재물은 쌓이면 쌓일수록 영혼의 움직임을 방해한다.

데모스테네스

신과 돈을 동시에 섬길 수는 없다. 육체적인 행복을 위해 양심을 저버리고 자신의 마음을 괴롭히는 것은 어리석다.

우파니샤드

종교는 영혼의 지배이다. 그것은 인생의 희망, 안전한 닻, 영혼의 구원이다.

나폴레옹

나는 인간의 영혼이 영원히 죽지 않을 것이라고 믿고 있다. 나의 이 신념은 그 누구도 빼앗을 수 없다. 그리고 영혼의 불멸은 세계의 평화와 완전한 만족을 안겨 준다.

키케로

사물의 극단은 일치한다. 항상 우리들은 가장 명료한 것, 가장 이해하기 쉬운 것, 가장 실재적인 것, 이 모든 육체적인 것이 우리들의 감각으로 알 수 있는 것이라고 생각하고 있다. 그러나 그러한 것은 모두 가장 모순에 가득 찬 것, 그리고 가장 비실재적인 것이다. 진정으로 존재하는 것은 정신적인 것뿐이다. 모든 육체적인 것은 겉으로 보일 뿐 실재하지 않는다.

톨스토이

영혼이란 무엇인가. 영혼이 육체의 어느 부위 속에 존재한다고 생각하면 이해하기 어렵다. 그러나 영혼이 육체에서 벗어나서 하늘 그 자체의 아버지에게 되돌아가는 것이라고 생각할 때는 영혼이 비로소 이해하기 쉬워진다.

키케로

인간은 육체와 정신의 결합체이다. 인간을 육체로 인식하면 자유롭지 못하지만 정신으로 인식하면 어떤 문제도 없다.

톨스토이

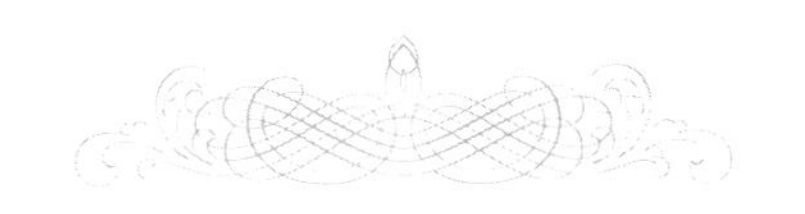

우리의 정신은 육체를 영원히 머무를 집으로 생각하지 않는다. 일시적인 숙소일 뿐이다.

인도의 성전

양심은 영혼의 목소리고, 열망은 육체의 목소리다.

루소

Faith
#신앙
우리는 신과 함께 살고 있다

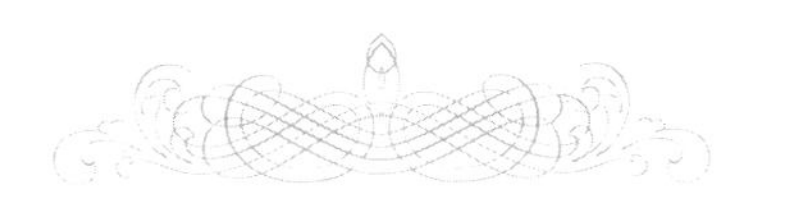

인류가 시작된 이래 언제 어디서나 인간의 궁극적인 질문은 '나는 왜 태어났고 왜 사는 것이며 우리는 어디로 가는가?'이다. 인간이 가장 간절하게 알고 싶어 하는 것은 그것이다. 종교는 사람들에게 바로 가장 큰 진리인 그것을 이해시켜주고 연관성을 밝혀주기 위한 것이다.

주세페 마치니

신에 대한 사랑이란 무엇인가? 그것은 자신 속에 가장 높은 창조의 힘을 가져오게 하기 위한 참되고 올바른 노력에 불과하다. 신의 창조력은 모든 것 속에 숨겨져 있다.
그러나 이 세상에서 신의 창조력을 가장 잘 보여준 것은 인간의 창조이다. 따라서 자기 자신이 가장 훌륭하고 위대한 창조의 산물이라는 것을 모르는 사람은 가장 악하고 저속한 것을 창조하게 된다.

톨스토이

그 누구도 두 명의 주인을 섬길 수는 없다. 한 주인을 사랑한다면 다른 주인을 싫어하게 되기 때문이다. 혹은 한 주인에게 충실하면 다른 주인에게 소홀해진다. 그러므로 너희는 신과 재물을 한꺼번에 섬길 수 없다.

성경

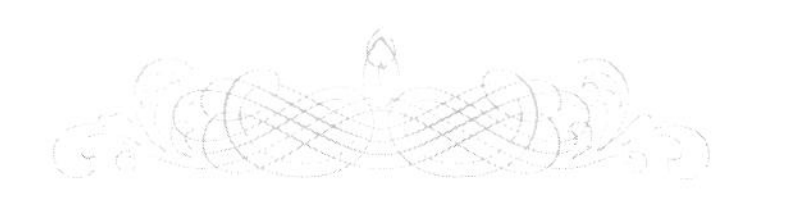

종교는 인간의 교육과 문화를 향상시키는 가장 위대한 힘을 가졌다. 그러나 종교가 형식만을 강조하거나 정략적이고 이기적이라면 인간성을 향상시키는 가장 큰 장애가 된다.
모든 종교의 본질은 영원성과 신성에 기초를 두고 있으며 그 밑바닥에는 오직 하나의 영원한 계시가 흐르고 있다. 그것은 신의 말씀이다. 조로아스터교, 유태교, 기독교, 회교는 섬기는 신들이 각각 따로 있지만 그것은 형식적인 상징일 뿐 그 근본적인 본질은 딱 하나, 이웃 사랑이다. 그것이야말로 그리스도, 폴, 조로아스터, 석가, 소크라테스, 마호메트가 한결같이 외치고 있는 가르침이다.

윌리엄 모리스

신은 영원한 인생이며 무한의 시간과 공간 속에 있는 우주적인 것이다. 신은 존재하는 전체이고, 신 없이는 어떤 다른 신도 있을 수 없다. 모든 것은 신 속에 있다. 그러므로 아무것도 신 바깥에 존재할 수 없다.
모든 존재는 신의 표현이고 모든 탄생은 무에서 생겨난 것이 아니다. 또 그 죽음에서 존재가 끝나는 것도 아니다.

바르텔미 앙팡탱

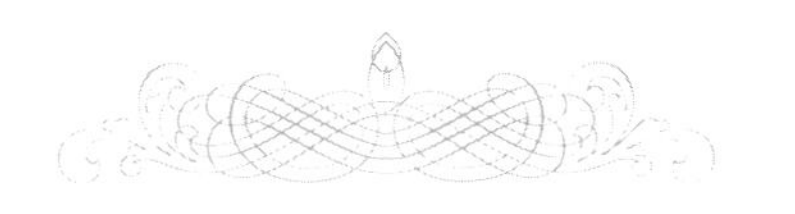

종교적인 인식은 다른 모든 인식의 기초가 된다. 종교적인 인식은 다른 인식을 앞서기 때문에 그것을 정의할 수 없다.
모든 인간이 평등하며 봉사의 중요성을 강조하는 것보다 자신이 먼저 남에게 친절하고 봉사하는 모습을 보이는 것이 중요하다. 그런 종교적인 모습이 인간관계를 변화시킬 수 있다.
종교를 제외한 채 도덕의 기초를 두는 것은 마치 어린아이가 꽃을 심을 때 더럽고 쓸데없어 보이는 뿌리를 잘라내고 줄기만 땅속에 심는 것과 같다. 뿌리가 없으면 어떤 식물도 자랄 수 없는 것과 같이 종교가 밑바탕이 되지 않는 도덕이란 있을 수 없다.

톨스토이

신은 이미 존재하고 있다. 왜냐하면 우리들이 존재하고 있기 때문이다. 그것을 신이라 부르든 다른 무엇이라고 부르든 간에 우리들 마음속 안에서 만들어진 그 무엇이 아니라, 우리들에게 주어진 삶에 있다는 것은 틀림없다. 생활의 원천을 신이라 불러라. 아니 뭐라고 불러도 문제가 없다.

주세페 마치니

만약 우리들의 힘을 자연의 힘과 비교하면 우리들은 운명의 노리개에 지나지 않는다. 그러나 창조주의 마음이 각자의 마음에 스며들어 있다고 느낄 때 우리들은 평화와 기쁨을 얻고 마음의 안정을 얻는다.

에머슨

우리들에게 내세가 있다는 것을 알고 있다는 것이 대단한 일은 아니다. 내세를 믿는 것은 논리로 아는 것이 아니라 정신적인 것, 즉 개인의 덕성에 기초를 둔 문제이다.
"나는 신과 나의 불멸성을 의심하지 않는다"고 말한다고 해서 그 사람이 도덕성이 강하다고 말할 수는 없다. "나는 신과 나의 불멸성을 나의 덕성에 의해 믿는다"라고 말해야 한다.
다시 말하면 신과 내세에 대한 신앙은 나 자신의 성격과 깊이 결합되어 있다. 그 믿음은 결코 나 개인과 떼어내어 생각할 수 없다.

칸트

신을 섬기는 것은 사람들에게 봉사하는 것보다 쉽다. 사람들 앞에서는 마음에 없는 말을 하기도 하고 자신이 좋은 가문의 출신인 척하지만, 신 앞에서는 그럴 필요가 없다.
신은 당신이 어떤 사람인지 이미 알고 있기 때문이다. 그리고 신 앞에서는 아무도 당신을 나쁘게 말하는 사람이 없다. 오직 현재보다 좀더 착한 사람이 되도록 노력하면 된다.

톨스토이

눈에 보이고 느껴지는 육체적인 것에 자신의 신앙을 빼앗기면 안 된다. 자신의 신앙을 정신적인 것으로 중심을 돌리고 깨끗이 하면 할수록 신앙은 더욱 확고해질 것이다.

톨스토이

내가 본 것이나 알고 있는 것, 모두가 내가 보지도 알지도 못하는 것을 믿도록 만든다. 우리들의 구원을 위해 신이 먼 미래에 준비해두는 것은 위대하고 은혜로운 그 무엇임에 틀림없다.
신의 계획은 우리들이 이 세상에서 알고 있는 것들에 의해 결정된다. 우리들의 미래는 우리들의 덕성, 기억, 희망, 상상, 지혜에 정확히 맞물려야 한다.

에머슨

우리들의 신앙심은 개인의 정신적 수양이 얼마나 높은가에 따라 그 척도가 결정된다. 우리들의 천성이 얼마나 동물적인가. 즉 우리가 얼마나 우매하고, 이기적이며, 비열하며, 얼마나 우상 숭배에 매달리느냐에 따라 달라진다. 우리의 앞날을 가려진 뚜껑을 걷어내고 어둠 속으로 빛이 들어올 때, 우리는 비로소 신의 영원 속으로 들어가게 되는 것이다.

세인트 마틴

선에 대한 사랑과 불멸에 대한 신앙은 같은 것이다.

톨스토이

우리가 끊임없이 정신적인 근원으로 되돌아가려고 하는 이유는 우리의 마음속에 신이 살고 있기 때문이다.

세네카

숲에 있을 때 투구풍뎅이 한 마리가 땅 위를 기어오다가 나를 보고는 몸을 숨기려고 애쓰는 것을 발견하고 생각했다. "왜 이 벌레는 이렇게 겁이 많고 나를 피하려고만 하는가?" 벌레를 다른 곳으로 날려버리려고 할 때, 그와 똑같이 인간이라는 투구풍뎅이 위에 서서 은혜를 베푸는 신에 대해 생각하지 않을 수 없었다.

헨리 데이비드 소로

누가 당신에게 신이 어디 있느냐고 묻는다면 신은 내 마음속에 있다고 대답하라. 만약 신이 인간의 마음에 깃들어 있지 않는다면 인간은 무기력한 존재가 되었을 것이다. 따라서 우리는 육체의 눈으로 바라보지 말고 마음의 눈으로 사물을 바라보아야 한다. 자기 자신도 모르면서 어떻게 신의 존재를 알 수 있겠는가. 진정한 자신을 아는 것이 신을 아는 것이다.

페르시안의 지혜

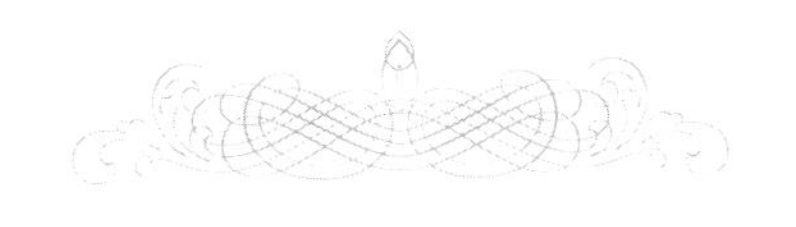

자신의 정신이 신의 것이라는 점을 의식하고, 그 의식 속에 살고 있는 사람은 자신의 행복을 위해 바랄 수 있는 모든 것을 가지고 있다.

톨스토이

신에 대한 예배는 마음속으로 해야 한다. 마음의 구원을 얻기 위한 절대적인 요건이 예수를 믿는 것은 아니다. 그러나 만물과 인간의 마음속에 그리고 그 무엇보다 훌륭하게 예수 속에 나타났던 영원한 신의 예지를 인식하는 것은 필요하다.
사물의 참 모습을 보는 예지가 있을 때 무엇이 참이고 무엇이 거짓인지, 선이란 무엇이며 악이란 무엇인지를 알 수 있고 또 행복을 얻을 수 있기 때문이다.

스피노자

내 마음에는 하나의 위대한 사상이 자리 잡고 있다. 그것은 내 마음이 위대한 것이며 신과 연결되어 있다는 생각이다. 신에게 종속된 수동적인 관계가 아니라 나의 마음이 신을 받아들이고 나를 완성시키려는 능력을 가지고 신을 향하고 있으며, 그것은 아주 오래 전부터 운명지어져 있었다.

아미엘

아무리 뛰어나고 훌륭한 성인이라 하더라도 우리는 그를 신이라고 생각하지 않는다. 그것은 그가 지혜와 굳은 신념과 용기를 골고루 갖추어도 신과 같이 될 수는 없기 때문이다. 신이란 빛 자체이며 우리가 이해하기 어려운 생명의 근원이기 때문이다.

칼라일

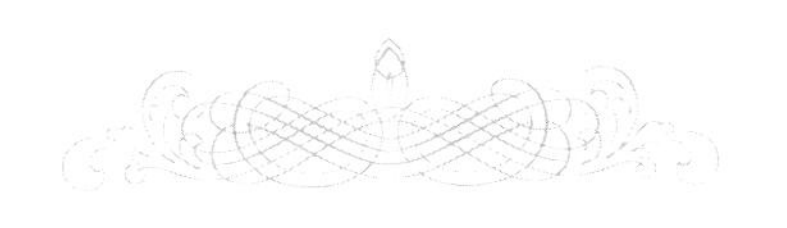

마음의 본질은 매우 깊어서 그것을 어떻게 해석하거나 정의를 내리는 것은 불가능하다. 어떤 일이 당신에게 닥쳐도 자신과 신과 결합되어 있다고 느끼면 그대는 결코 불행해지지 않을 것이다. 인간의 마음은 신과 하나로 묶여 있다.

톨스토이

신앙이 두터운 사람은 다른 사람에게 정신적으로 매력을 줄 수 있지만, 만일 그가 함부로 쉽게 무슨 말을 한다는 생각이 들면 그의 신앙은 속이 텅빈 것이다.

성경

명성이 높은 자에게는 꾸며진 이야기가 있고, 자기 자신을 알고 있는 자에게는 진정한 이야기가 있다. 그는 신을 알고 있기 때문이다.

동양의 성언

신을 믿고 신을 섬기되 신의 본질을 알려고 하지 말아야 한다. 그것은 부질없는 노력의 낭비이다. 우리는 신의 존재 여부마저 알기 위해 애쓰지 말고, 신이 우리 주위에 존재하고 있다고 믿고 섬겨야 한다.

필몬

참된 신앙은 외부적인 지지와 권력과 승리를 필요로 하지 않는다. 또 신앙을 널리 알리기 위해 걱정하지 않아도 된다. 신은 무한한 시간을 가지고 있다.
권력이나 우월한 조건으로 자신의 신앙을 지지하려는 사람, 한시라도 빨리 자기의 신앙을 펴고자 하는 사람은 신앙이 얕거나 신앙심이 전혀 없는 사람이다.

톨스토이

나와 당신 그리고 다른 사람들의 마음속에도 신은 존재하고 있다. 만약 당신이 나를 꾸짖어서 내가 당신 곁으로 가기 싫다고 하더라도 그렇게 되지 않는다.
우리들은 모두 같은 인간이기 때문에 어떤 부분에서는 마음대로 할 수 없다. 당신의 지위가 아무리 높아도 오만해서는 안 된다.

인도의 성전

모든 인간은 영적인 존재이며 같은 아버지로부터 태어난 가까운 형제이다. 그렇기 때문에 우리가 이웃을 사랑하지 않는 것은 오히려 부담스러운 일이다.

톨스토이

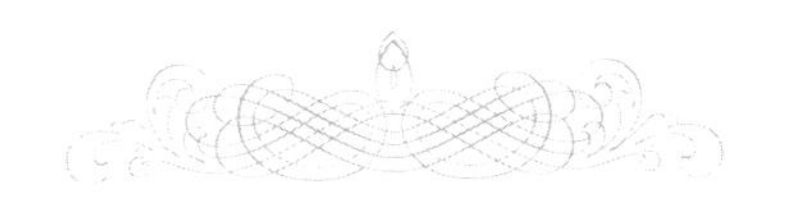

신앙은 사랑과 같아서 억지로 강요한다고 해서 생기는 것이 아니다. 그런 의미에서 신앙을 국가적인 차원에서 국민 모두에게 강요하는 것은 위험한 일이다.
사랑을 강요하면 상대의 마음에 미움과 불신을 키우는 것처럼 신앙도 강요하면 오히려 불신을 일으키기 때문이다.

쇼펜하우어

신은 양심과 의지를 통해 우리 마음속에 신앙을 일으킨다. 폭력이나 위협으로는 사람들의 마음에 신앙심을 키울 수 없다. 그리고 신앙 없는 사람이나 정신이 이상한 자를 비난하는 것은 옳지 않다. 그들은 혼란스러운 생활을 하고 있는 것만으로 불행하기 때문이다. 비난과 꾸짖음은 상대에게 도움이 될 때만 해야 한다. 그렇지 않고 함부로 다른 사람을 꾸짖으면 그들에게 도움은커녕 더 큰 슬픔과 더 많은 혼란을 안겨주게 된다.

파스칼

신은 모든 사람의 마음 안에 살고 있다. 그렇다고 모든 사람이 신 안에서 살고 있는 것은 아니다. 불이 없으면 등을 켤 수 없듯이 인간도 신이 없으면 살 수 없다.

우파니샤드

오만하지 않고 마음이 깨끗한 사람, 친절하고 솔직하며 모든 사람을 친구처럼 대하는 사람, 허영을 버리고 착한 일을 하고자 하는 사람들의 마음속에는 신이 숨 쉬고 있다. 대지는 자신이 키운 식물이 아름다운 꽃을 피울 때 자신도 함께 아름다운 풍경으로 되는 것처럼 세계는 마음속에 신이 깃들어 있는 사람들에 의해 아름다워진다.

붓다

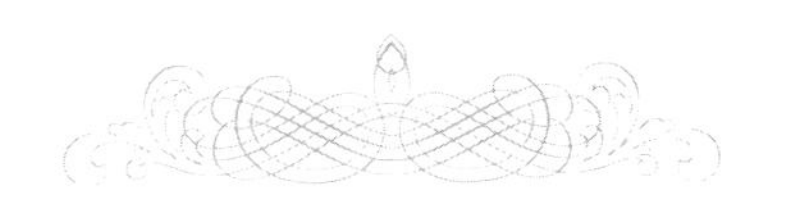

아무도 위대한 근원의 신비 속으로 파고 들어간 사람은 없다. 아무도 자기 자신 밖으로 걸어나간 자는 없다.
신을 찾아다니는 동안 이 세상의 모든 것은 혼란 속에 있다. 성자도, 거지도, 부자도 모두 신에게 도달할 수 있는 가능성으로부터 멀리 떨어져 있다. 신의 이름은 모든 것과 함께 어울리고 있지만 우리들은 모두 귀머거리이다. 신은 모든 것들의 눈 앞에 있지만 우리는 장님이기 때문에 매일 신을 찾고 있다.

페르시아의 성전

참된 신앙은 외부적인 지지와 권력과 승리를 필요로 하지 않는다. 또 신앙을 널리 알리기 위해 걱정하지 않아도 된다. 신은 무한한 시간을 가지고 있다.
권력이나 우월한 조건으로 자신의 신앙을 지지하려는 사람, 한시라도 빨리 자기의 신앙을 펴고자 하는 사람은 신앙이 얕거나 신앙심이 전혀 없는 사람이다.

톨스토이

인간의 마음은 신의 빛이다.

탈무드

Death

#죽음

당신도 죽음이 두려운가

죽음은 현 존재의 형태를 다른 모습으로 바꾸는 절차이다. 그렇게 죽음은 만물의 생성과 소멸의 거대한 사이클에 합류해가는 것이므로 궁극적으로는 행복한 것이다.
항상 자기 삶에 중용의 도를 지켜야 한다. 죽음을 두려워할 필요도 없고, 죽음을 바랄 필요도 없는 그런 마음가짐을 유지해야 한다.

톨스토이

현실이 한낱 꿈에 불과하다는 것은 의심의 여지가 없다. 그와 똑같이 죽음도 하나의 깨달음이다. 우리들의 개성이나 자아는 꿈의 영역에 속하는 것이며 결코 깨어나지 못하는 무의식에 잠겨있는 한, 죽음은 모든 것의 파멸이라는 생각밖에 할 수가 없다.

쇼펜하우어

삶에는 끝이 있어야 한다. 나무 열매나 대지나 세월이나 이 세상의 모든 존재는 시작과 함께 마지막 죽음의 관문을 거쳐야 한다. 현명한 사람들은 늘 이 질서에 순응한다. 신에게 도전하는 거인들의 기록에는 늘 자연이라는 이 거대한 법칙에 대항하는 얘기들이 써 있다. 그것은 곧 파멸이라는 교훈을 알려준다.

키케로

우리는 죽음을 덕성으로 받아들여야 한다. 짐승은 그저 목숨이 끊어지면 끝나지만 인간은 그 영혼을 창조주에게 맡겨야 하기 때문이다.

아미엘

죽어가는 자의 말과 행위는 살아있는 사람에게 큰 영향력을 발휘한다. 우리는 훌륭하게 사는 것도 중요하지만 잘 죽는 것도 그에 못지않게 중요하다. 나쁜 죽음은 생전의 훌륭한 삶조차 훼손하지만 좋은 임종은 생전의 그릇된 삶을 보상하기도 한다.
죽은 자는 이미 영원의 일부분이 되어버린 것이다. 그래서 때때로 우리는 죽은 자가 우리에게 무슨 말을 한다고 생각하면, 그의 말은 신이 지상에 주는 명령으로 두려워하기도 한다. 또는 그를 예언자처럼 느낄 수도 있다.
그러나 어느 누구도 이 지상에 자태를 나타내지 않고는 자신의 존재를 드러낼 방법이 없다.

아미엘

생명은 자연의 가장 아름다운 발명이고, 죽음은 더 많은 생명을 얻기 위한 자연의 기교다.

괴테

어려움으로부터 도피하는 것은 비겁한 짓이다. 자살이 죽음을 무릅쓰는 것은 사실이지만, 그것은 고상한 목적을 위한 것이 아니라 어려움으로부터 도피하는 것이다.

아리스토텔레스

우리가 살면서 갖는 불만 중의 하나는 내가 행복할 수 있는 권리가 있으며, 그 행복 때문에 태어난 것이라고 믿는 데서 생긴다. 사람에게는 이 세상에서 살 수 있는 가장 큰 행복이 주어졌는데도 그 기쁨이 적다고 불평한다. 그리고 우리들 인생은 더 길어야 한다고 주장한다. 우리가 육체의 윤회뿐만 아니라 영혼의 윤회가 있다는 것을 깨닫는다면 더 이상 무엇을 바랄 것인가.

톨스토이

인생은 방을 가로질러 날아가는 제비와 같다. 우리는 미지의 곳에서 와서 다시 그곳으로 돌아간다. 죽음 앞에서 재산과 학력과 명예가 무슨 소용이 있을까?
맛있는 음식을 먹고 좋은 옷을 입는 것, 배움의 많고 적음은 아무런 가치가 없다. 그때는 신에게서 받은 지혜를 어떻게 사용했는지가 중요하다.

헨리 조지

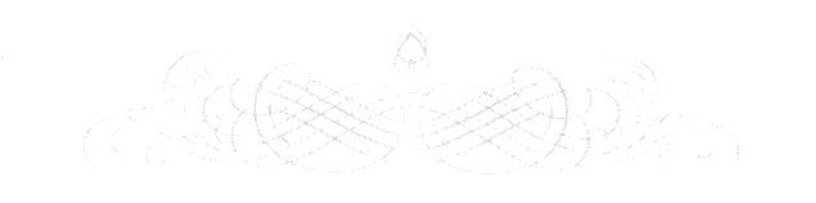

인간은 자기 생명을 지키려는 감정이 가장 강하다. 그 감정의 대부분은 인간이 스스로 만든 것이다. 그러나 인간이 죽음에 대해 순종하는 것은 가장 자연스럽게 주어졌다. 죽음을 피할 방법이 거의 없기 때문이다. 죽음을 피하는 방법은 깊은 지혜에서 나오지만 그 방법을 아는 자는 극히 드물다.

루소

인생의 어느 한때는 그 무대가 아름답거나 희극일 수도 있겠지만 끝내 우리에게 오는 것은 비극이다. 우리 인생은 머리 위에 흙을 뒤집어쓰는 마지막 날을 맞게 된다. 단지 그날이 언제인지 아무도 모를 뿐이다.

파스칼

죽음을 앞둔 자에게 무엇이 필요할까. 만일 죽음 앞에서는 어느 것도 필요가 없다고 말하는 사람은 평소에 아무것도 안 한 사람들이다. 죽음이 가까워질수록 더욱 필요한 것은 영혼을 성숙시키는 일이다. 죽음은 우리에게 그 과업이 끝났음을 깨닫도록 가르친다.
사람은 정신적인 생활을 보내고 있을 때만이 자유롭다. 정신에는 죽음도 없다. 그러므로 정신적인 생활을 보내고 있는 자는 죽음에서 해방되어 있다.

톨스토이

자유로운 사람은 죽음보다 인생에 대하여 더 많이 생각하는 사람이다.

스피노자

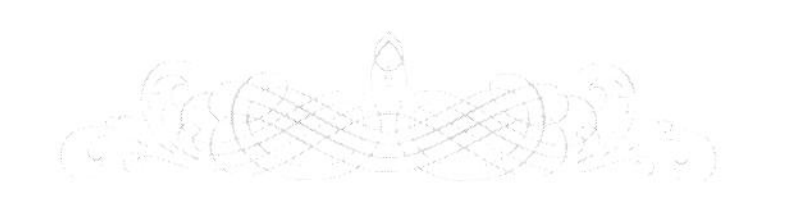

죽음은 우리들의 긴 여정의 한 걸음에 불과하다. 출생도 마찬가지다. 그러나 둘 사이에는 분명한 차이가 있다. 이 세상에 태어나는 동시에 우리는 죽음을 향하는 것이고, 죽는 동시에 다시 태어나기 위해 한 걸음씩 걷고 있는 것이다.
죽어가는 사람에게 죽음은 행복이다. 죽음을 통해 그 사람은 다시 태어나기 때문이다. 나는 죽음에 대한 공포나 두려움을 갖고 있지 않다. 만약 내가 죽음을 두려워한다면 죽음에 대해 거론하는 것조차 어리석은 일이 될 것이다. 우리의 임무는 단지 살아가는 일이다. 잘 사는 것을 아는 사람이 잘 죽는 법도 알고 있다. 죽음은 영원한 끝이 아니라 죽음이라는 하나의 감각에 지나지 않는다. 이성을 가진 우리가 하나의 감각에 대해서 불안해할 필요가 있을까?

테오도르 파커

인간은 태어날 때 세상이 모두 자기 것 인양 주먹 안에 움켜쥐려고 하지만 죽을 때는 손에 힘을 뺀다. 마치 이 세상의 모래 한 톨도 가져갈 수 없다는 것을 알고 있다는 듯이 말이다.

탈무드

인간이 육체적 존재에 지나지 않는다면 죽음은 모든 것의 끝을 의미한다. 그러나 인간이 정신적 존재이며 육체는 그저 정신의 덮개에 지나지 않는다면 죽음은 하나의 변화일 뿐이다.
그릇에 담긴 물이 그릇의 형태를 하고 있는 것처럼 육체는 신과 연결된 영혼을 제한시킨다. 그릇이 깨지면 물은 그릇의 형태를 버리고 흘러가며, 그 물이 어떤 다른 것과 더불어 새로운 형태를 이룰 것인지에 대해서는 알 수 없다.
그러나 물을 다른 그릇에 옮겨 담으면 물의 형태가 새로운 그릇의 형태로 바뀐다는 사실쯤은 알고 있다. 이처럼 우리의 육체가 죽은 후에 영혼이 변화할 것이라고 가정할 수는 있지만 살아 있는 우리가 죽은 후의 세상을 단정지어서 이야기할 수는 없다.

톨스토이

내가 태어나기 전에 나는 죽어있었던 것이며, 죽음으로 인해 다시 그때의 상태로 되돌아갈 것이다. 자기 자신의 기억을 가지고 사는 것을 선잠이라고 한다면, 이 세상에 태어나는 것은 새로운 기관을 가지고 선잠에서 깨어나는 것을 의미한다.

리첸베르크

죽음은 사람의 나이도 업적도 무시한 채, 병든 사람과 건강한 사람, 부자와 가난한 사람을 모두 지상에서 휩쓸어 버리며, 우리에게 죽을 준비를 하면서 살아가라고 가르친다.

앤드류 잭슨

'장마가 오면 여기서 살고 또 겨울에는 다른 곳에 옮겨서 살 것이다.'
어리석은 자들은 이런 공상만 할 뿐 죽음에 대해서는 생각하지 않는다. 그러나 죽음은 갑자기 다가와 가장 중요한 일은 제쳐놓고 하찮은 일에 속을 썩이고 있는 인간을 어디론가 데리고 가버린다.
홍수가 잠든 나무를 삽시간에 휩쓸어가 버리듯이 그렇게 쓸어가 버린다. 아이들도, 부모님도, 친척도, 친구도, 죽음 앞에서는 아무런 소용이 없다. 그러나 신앙이 있고 슬기로운 사람은 죽음의 뜻을 잘 알아서 평소에 깨끗이 청소해둔다.

붓다

우리들은 이 세상에 살고 있는 것이 아니라 다만 스쳐지나가고 있다는 것을 명심해라.

톨스토이

우리는 언젠가는 죽는다. 각자 정해진 시간동안만 이 세상에서 살다가 돌아갈 뿐이다. 그렇다고 해서 우리들의 영혼은 죽음을 두려워하지 않는다.

토디크리디스

한없는 공간과 한없는 침묵을 생각하면 공포가 느껴진다. 내가 태어나기 전에도 존재했고, 내가 죽은 후에도 존재할 영혼 속에서 나의 짧은 생애를 생각하면 내가 살고 있는 공간은 무한한 공간에 견주어볼 때 아주 작을 것이다. 나는 왜 여기에 있고 다른 장소에 있지 않는가. 누가 나를 여기에 두었으며, 나는 누구의 명령에 의해, 누구의 편리 때문에 이곳에서 짧은 생애를 살고 있는가? 이런 생각들을 하고 있으면 두려움이 저절로 느껴진다. 인생이란 손님으로 초대된 어떤 보잘것없는 시간의 추억에 지나지 않는다.

파스칼

죽음은 이 세상을 살아가는데 중요한 수단인 육체의 마지막 과정이다. 이 세상은 우리의 육체적인 기관을 통해 유지되는 것이지만 죽음은 영원한 끝이 아니다.
육체는 바깥풍경을 내다볼 수 있는 유리창문에 지나지 않는다. 죽음은 그 유리가 깨지는 것이고 태어나는 것은 유리를 다른 것으로 바꿔 끼는 일이다.

톨스토이

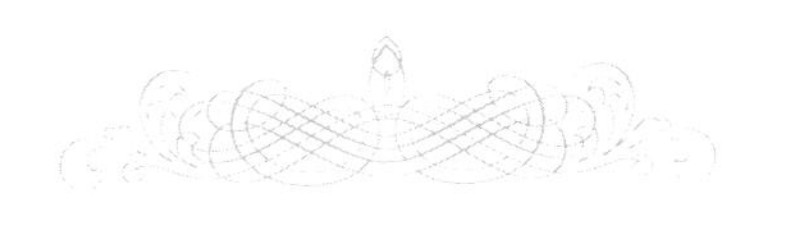

인생이 행복하다면 죽음도 행복해야 할 것이다. 만약 죽음이 무섭다고 느껴진다면 그 원인은 죽음에 있는 것이 아니라 우리들 삶 속에 있다. 착하게 살수록 인간은 죽음을 두려워하지 않는다. 그러므로 성자에게 죽음이란 존재하지 않는다.

톨스토이

육체가 죽으면 인생은 끝나는 것일까? 이것처럼 중요한 테마는 없다. 그런데도 사람들은 이 문제를 깊이 생각하지 않는다. 당신은 삶의 영원성을 믿는가. 아니면 믿지 않는가. 그 문제에 대해서 우리들은 어떤 지혜를 갖고 있는지, 아니면 그저 무분별하기만 한지 생각해보자.

나는 우리 인생이 영원불멸하다고 믿는 것이야말로 지혜로운 생각이라고 감히 말한다. 우리들이 이 세상에서 가장 먼저 고민해야 할 문제는, 인생의 불멸을 깨닫고 최선을 다해 그 이유를 밝혀내는 일이다. 자신의 모든 존재가 바로 그 문제에 매달려 있기 때문이다.

이 문제를 소홀히 다루어서는 안 된다. 그런데 대부분의 사람들이 그 문제에 대해 전혀 관심을 갖지 않는다. 그것이 나를 놀랍게 하고 초조하게 만들고 있다.

파스칼

만약 신도 없고 미래에의 희망이 없다면 우리는 자신이 이 세상에 태어난 것을 저주해야 할 것이다. 만일 그 반대라면 인생은 그 자체가 행복이다. 그리고 그로 인해 이 세상의 도덕적 완성과 행복에의 추구와 그 신성함은 날로 커지게 될 것이다.

에머슨

고전 속, 위인들의 색인

- 공자(孔子, BC 551~479) : 고대 중국의 사상가, 동아시아 인문주의 사상가
- 괴테(Johann Wolfgang von Goethe, 1749~1832) : 독일의 작가
- 나폴레옹(Napoléon, 1769~1821) : 프랑스의 황제(제1 통령), 군인
- 노자(老子, 미상~미상) : 중국 고대의 사상가, 도가(道家)의 시조
- 단테(Alighieri Dante, 1265~1321) : 13세기 이탈리아의 시인, 예언자
- 데모스테네스(Demosthenes, BC 384~BC 322) : 고대 그리스의 웅변가, 정치가
- 데모크리토스(Dēmokritos, BC 460~BC 370) : 고대 그리스의 유물론 철학자
- 동양의 성언 : 성언은 성경에 적힌 말을 가리킬 뿐만 아니라, 성겁 초기의 축생을 가리키는 불교 용어이기도 함
- 라브뤼예르(1645~1696) : 프랑스의 작가
- 랜더(Walter Savage Landor, 1775~1864) : 영국의 시인, 작가
- 로버트슨(Robertson, 1890~1963) : 영국의 경제학자
- 링컨(Abraham Lincoln, 1809~1865) : 미국의 제16대 대통령, 노예해방 선언
- 루소(Rousseau, 1712~1778) : 프랑스의 계몽사상가, 철학자, 사회학자, 교육론자
- 마르몽텔(Marmontel, 1723~1799) : 프랑스의 극작가, 작가
- 마르쿠스 아우렐리우스(Marcus Aurelius, 121.4.26~180.3.17) : 로마제국의 제16대 황제, 스토아학파 철학자
- 마티노(Martineau, 1802~1876) : 영국의 소설가, 경제학자
- 마호메트(Mahomet, 570~632) : 이슬람교를 일으킨 아랍 최대의 예언자
- 맹자(孟子, BC 372?~289?) : 고대 중국의 사상가, 성선설
- 몽테뉴(Montaigne, 1533~1592) : 프랑스의 철학자
- 바라문교의 성전 : 고대 인도에서《베다》경전을 근거로 성립된 종교의 성전
- 바르텔미 앙팡탱(Prosper Enfantin, 1796~1864) : 프랑스 공상적 사회주의자
- 버지니아 울프(Virginia Woolf, 1882~1941) : 영국의 소설가, 비평가
- 법구경 : 인도의 승려 법구가 인생에 지침이 될 좋은 시구들을 모아 엮은 경전
- 베이컨(Francis Bacon, 1561~1626) : 영국 고전경험론의 창시자
- 벤담(Jeremy Bentham, 1748~1832) : 윤리학자, 법률학자, 변호사, 공리주의
- 불경 : 불교의 가르침을 담은 책
- 붓다(釋迦, BC 563?~BC 483?) : 석가 불교를 창시한 인도의 성자, 이름은 싯다르타
- 비스마르크(Bismarck, 1815~1898) : 독일의 정치가
- 볼테르(Voltaire, 1694~1778) : 프랑스의 철학자, 문학자, 계몽주의 운동의 선구자
- 소크라테스(Socrates, BC 470~BC 399): 고대 그리스 철학자
- 쇼펜하우어(Schopenhauer, 1788~1860) : 독일의 철학자
- 성경 : 종교상 신앙의 최고 법전이 되는 책
- 사디(Sadi, 1209?~1291) : 페르시아의 시인
- 사르트르(Sartre, 1905~1980) : 프랑스의 현대 철학자, 작가, 실존주의사상
- 생텍쥐페리(Saint Exupery, 1900~1944) : 프랑스의 작가, 비행사
- 세네카(Seneca, BC 4년 추정~AD 65) : 고대 로마시대 정치가

- 세르반테스(Cervantes, 1547~1616) : 스페인의 소설가
- 셰익스피어(William Shakespeare, 1564~1616) : 영국의 극작가
- 스코로파즈키(1873~1945) : 우크라이나나의 카자크 귀족, 군인, 정치가
- 스피노자(Spinoza, 1632~1677) : 네덜란드의 철학자, 형이상학적 유물론
- 수피(Sufi, 903~986) : 이슬람의 천문학자
- 아나톨 프랑스(Anatole France, 1844~1924) : 프랑스의 소설가
- 아리스토텔레스(Aristoteles, BC 384~BC 322) : 고대 그리스의 철학자, 정치가
- 아미엘(Amiel, 1821~1881) : 스위스의 철학자, 문학자, 미학자
- 앤드류 잭슨(Andrew Jackson, 1767~1845) : 미국의 제7대 대통령
- 에드워드 브라운(Edward Granville Browne, 1862~1926) : 영국의 동양학자
- 에머슨(Emerson, 1803~1882) : 미국의 철학자, 시인
- 에픽테토스(Epictetos, 55년 추정~135년 추정) : 스토아학파, 윤리학, 사상가
- 이이(李珥, 호는 율곡, 1536~1584) : 조선 중기의 유학자, 정치가
- 인도의 성언(성전) : 성언은 성경에 적힌 말을 가리킬 뿐만 아니라, 성겁 초기의 축생을 가리키는 불교 용어이기도 함
- 우파니샤드(Upaniṣad, 기원전 800~?) : 고대 인도의 철학 경전
- 윌리엄 모리스(William Morris, 1834~1896) : 영국의 화가, 시인, 사회운동가
- 윌리엄 블레이크(William Blake, 1757~1827) : 영국의 시인, 화가
- 제러미 벤담(Jeremy Bentham, 1748~1832) : 영국의 윤리학자, 정치가, 변호사
- 조로아스터(Zoroaster, BC 630(?)~BC 553(?)) : 조로아스터교의 창시자
- 조지 엘리엇(George Eliot, 1819~1880) : 영국의 여류소설가
- 존 러스킨(John Ruskin, 1819~1900) : 영국의 미술 • 건축 평론가, 사회사상가
- 존 키츠(John Keats, 1795~1821) : 영국의 천재시인
- 주세페 마치니(Giuseppe Mazzini, 1805~1872) : 이탈리아의 정치가
- 중국의 성언 : 중국의 훌륭한 말이나 널리 알려진 말
- 중국의 속담 : 옛날부터 말로 전해 내려오는 풍자 · 비판 · 교훈 등을 간직한 글
- 채근담 : 중국 명나라 말기에 문인 홍자성이 저작한 책
- 채닝(Channing, 1780~1842) : 미국의 목사
- 처칠(Churchill, 1874~1965) : 영국의 정치가, 2차 세계대전을 승리로 이끈 지도자
- 카헐 브루(Charles William, 1874.7~1922) : 아일랜드의 혁명가, 정치가, 군인
- 칸트(Kant, 1724~1804) : 독일의 철학자
- 칼라일(Carlyle, 1795~1881) : 영국의 철학자, 역사가
- 코시(Cauchy, 1789~1857) : 프랑스의 수학자
- 키케로(Cicero, BC 106~43) : 고대 로마의 철학자, 정치가, 변론가, 저술가
- 탈무드 : 유대인의 정신적 지주 역할을 해 온 책
- 토크토아부카(?~1376) : 제5대 심양왕(재위 1354~1376), 충렬왕의 4대손
- 톨스토이(Tolstoy, 1828~1910) : 러시아의 작가, 사상가
- 파스칼(Pascal, 1623~1662) : 프랑스의 수학자, 물리학자, 발명가, 철학자, 신학자

- 페누론 : 신앙심의 육성을 목적으로 하는 교육을 말함
- 페르시안의 지혜 : 사물의 도리나 선악을 분별하는 마음의 지혜
- 프랭클린(Franklin, Benjamin, 1706~1790) : 미국의 정치가, 철학자
- 플라톤(Plato, BC 427~BC 347) : 고대 그리스의 철학자
- 플루타르코스(Plutarchos, 46?~120?) : 고대 로마 그리스의 철학자, 저술가
- 표도르 글랏코프(1883~1958) : 러시아의 소설가.
- 피타쿠스(Pittacus, BC 640~568) : 고대 그리스의 정치가, 철학자
- 허버트 모리슨(Herbert Stanley Morrison, 1888~1965) : 영국의 정치가
- 헬렌 켈러(Helen Keller, 1880~1968) : 미국의 작가, 사회사업가
- 헨리 데이비드 소로(Henry David Thoreau, 1817~1862) : 미국의 작가, 시인
- 헨리 조지(Henry George, 1839~1897) : 미국의 경제학자, 사회 개혁론자
- 회남자(淮南子) : 중국 전한의 회남왕 유안이 저술한 책